JN212239

「日本文化論」を越えて

加藤周一「土着世界観」論とその行く先

干場辰夫

Hoshiba Tatsuo

花伝社

「日本文化論」を越えて——加藤周一「土着世界観」論とその行く先◆目次

第六章　従来の「日本文化論」をどう理解するか　*196*

はじめに――「日本文化論」をめぐる状況から

従来の「日本文化論」の問題

明治以降、今日に至るまで、膨大な数の「日本文化論」、「日本人論」、「国民性論」、「日本論」等と称される論考が世に現れ、今も出現し続けている（本書ではこれらを一括して「日本文化論」と記す）。とりわけ日本の対外関係が鮮明に意識される時代ほど、その数は多くなる。対外関係の中で、日本人の自己認識（個性・アイデンティティの明確化）とその世界へ向けての自己主張が要請されるからである。今日の国際化の潮流の中で、こうした自己認識と対外発信がよりいっそう求められているとも言えよう。

もちろん「日本文化論」と言う場合、「日本文化の個性とは何か」、「日本人のアイデンティティとは何か」といった個性・アイデンティティの探究のみを言うのではない。そうした関心をもちつつも、あえて言えば、他国や他集団にあろうがなかろうが、日本に存在する様々な事象を広く研究するもの、「日本の文化についての研究」を含めて「日本文化論」や「日本学」あるいは「日本研究」とされる場合もある。特にいくつかの大学等にある「日本文化研究所」と称する（あるいは類似の名称を持つ）

研究機関での「日本研究」は、そうした研究が主流と言ってもよいだろう。

しかし私が本書で言う「日本文化論」とは、日本の個性・アイデンティティ（=「日本的なもの」）を対象とするものに限定し、以下に論を進めることを、あらかじめことわっておきたい。とはいえ日本文化の個性・アイデンティティを探求するのは容易なことではない。それは、

Ⅰ　日本の歴史を通じて一貫して存在し（通時性ないし一貫性）

Ⅱ　各階層・各集団や各地域を通じて共通して存在し（共時性ないし等質性）

Ⅲ　世界のあらゆる国や集団と比較して異なる個性を持つ（異質性）

という三つの要件が必要であり、それらをすべて満たす「日本文化論」はまず存在しないと言ってよいだろう。むしろどの要件も一つとして満たさないような、粗雑で主観的な数多の「日本文化論」が社会に流布していると言ってもよい。

従って本書が限定した意味での「日本文化論」に対しては、多くの実証的研究者から懐疑や批判が広範に持たれている。

第一に、日本の歴史を一貫し、日本のすべての集団や地域に共通する日本の特性などというものが実体としてあるのかといった疑念、世界中に無数にある国や集団すべてを日本と比較することなど不可能ではないかという疑問が持たれている。それどころかそもそも、「日本」というのは意図的に構成された概念にすぎず、「一貫性」と「等質性」を持った〈日本的なもの〉を主張することは、近代日本の「つくられた伝統」である「単一民族の神話」だとして、多方面から激しく批判される。客観

的根拠を欠く「日本文化論」などは、歴史や比較を無視した「こじつけ」や「フィクション」に過ぎないといった見解が広く持たれていると言えよう。

確かに「日本文化論」には、特定のディシプリン（学科）としての確立した固有の方法論もパラダイムもない。そもそもこの学の対象としての「日本」さえ、明確に定義できない。古くから特定のディシプリンが確立している学問分野に較べるべくもない。しかも「日本文化論」はそれこそ日本の歴史、民俗、文学、芸術、宗教、言語、心理、社会、政治、法、経済などすべてを対象としているため、上記の領域を対象とする学問からの成果を摂取しなければならず、それら学問領域の「専門性」の上に立った、「学際性」および「総合性」、さらには諸外国との比較を旨とする「国際性」といった気の遠くなるような研究プロセスまでも要請されるのである。「日本文化論」が純粋に学問として如何に困難なものであり、成立しえないとされるのも、十分に納得できよう。[1]

第二に、従って「日本文化論」はイデオロギーにすぎず、それは政治利用につながるという批判であり、とりわけ偏狭なナショナリズムと結びつく危惧が持たれている。戦前には、歴史や比較を無視した「こじつけ」や「フィクション」が、日本固有の文化であると称揚されたが、日本固有の文化や伝統の「発見」と称するところのものは、実は「発見」ではなく「創出」であり、ホブズボウムの言う「創られた伝統」だった。膨大な数の「日本文化論」が戦前・戦中に出版され、そこから「創出」された「伝統」が、戦前の「国体思想」を形づくることになった。

それらは今日ではほとんど忘れ去られてしまっているとはいえ、戦前から戦中の偏狭なナショナリズムの扇動に大きな役割を果たした。しかも今日もなお、その後裔言説が広く再生産されている。「日本文化論」とは、戦前の天皇制イデオロギーの復活であり、忌むべき危険性を持ったテーマだと長く見られてきたことも十分にうなずけるのである。

しかし、逆にそうならないためにも、より正確な日本文化像こそ求められるのであって、「こじつけ」や「フィクション」として放置すべきものではないと言えよう。かつての手あかにまみれた「日本文化論」ではなく、ウェーバー流に言うならば、研究者自らの価値を自覚・制御し、そこから自由になって（価値自由 Wertfreiheit）、あくまで客観性を目指す「学としての日本文化論」が必要とされるのである。

本書はそうした日本文化論を目指すものであって、日本文化についての何らかの評価や価値判断を行うものではない。これからの世界、とりわけ日本の最大の問題の一つは、過度なナショナリズムへの傾斜にあるといってよいだろう。ナショナリズムはその集団の「共通性」や「同質性」の観念とそれを表現する言説による根拠づけを必要とするが、その根拠づけが誤った（あるいは都合の良い）日本文化の理解に基づくものであっては、昨今のポピュリズムと結びつき、再び戦前の「超国家主義」に通じる危険性もないとは言えない。その意味で、日本文化の正確な理解が欠くべからざるものであることは、論を俟たないのである。

である。

「学としての日本文化論」の可能性

とはいえ「学としての日本文化論」は、既述のようにその対象と方法の両面において、ともに困難である。

そもそも対象としての「日本」「日本人」を明確に定義できない。杉本良夫が言うように（「日本人」と「日本的なもの」の多様性」）、国籍、血統、言語、地理、出生地、居住地、さらには「文化的能力（カルチャル・リテラシー）等、どれをとっても厳密な定義はできないのである。むしろ定義すること自体が非学問的なものとして、多方面から批判される。とりわけ今日、単一的な日本人像への批判から、多様な日本人像への論及が多くみられる。代表的には、例えば網野善彦が『日本論の視座』等、多くの論考で批判した「日本島国論」、「水田稲作一元論」、「単一民族論」への批判であり、また赤坂憲雄の「いくつもの日本」論（『東西／南北考――いくつもの日本へ』）や小熊英二の「単一民族神話」批判（『単一民族神話の起源』）のように。単一的な「日本」や「日本人」を想定すること自体が非学問的であり、かつ偏狭なナショナリズムに通じるものと非難されるのである。

しかしこうした批判は「日本文化論」に限ったことではない。例えばアメリカ文化人類学において一九二〇年代以降に新しい研究領域として登場してきた「文化とパーソナリティ」論は、特定の集団や社会における共通の「基本的パーソナリティ」あるいは「代表的パーソナリティ」ないし「最頻的パーソナリティ」や「社会的性格」が存在するとして、それを追求するものであるが[2]、この「文化とパーソナリティ」論に対しても、個人の集合である集団や社会に、共通する単一のパーソナリティがあるのかという批判がなされた。「日本文化論」のみならず、この種の「全体論的立場」に対しては、常にこうした批判がなされるのである。このような「一種の普遍論争」（「ある」とする「全体論的な立場」と「ない」とする「要素論的な立場」）は決して実りある成果は期待できず、ぬかるみに陥るだけであろう。

本書では、津城寛文（『日本の深層文化序説』）に倣って、以下のような前提に立つことにしたい。津城曰く。「あらゆる「日本人論」や「日本社会論」や「日本文化論」は、日本人全体としてのパーソナリティがあるかどうかという問いに対して、とりあえず「ある」と仮定しているのである。その仮定そのものの妥当性を問題にすることと、個々の日本論のできばえを検討することは、別の次元に属する。具体的な作業をすすめるにあたって「普遍論争」のぬかるみを迂回するというのは、一つの戦略である。ただし、それが戦略にすぎないことが忘却されると、しばしば不都合な事態となる」と。

私もまた日本文化論の対象として、一つの集団としての「日本人」や「日本文化」の存在を、とりあえずは研究上の「戦略」として認めたい。基本的には日本列島という共通の空間で、ある種の「文化」を共通に持つ日本人集団を、研究の対象として「戦略的」に設定するのである。もちろん日本の「民族的同質性」を認めるものではないが、少なくとも何らかの「共通性」の存在を前提としなければ、そもそも本書の意味する「日本文化論」はなりたたない。問題は、その「共通性」の内容に関わっているのであり、そのことは本書の行論によって明らかにされる。

次に方法の問題である。この点はハルミ・ベフの以下の「日本文化論」批判に応答したい（『イデオロギーとしての日本文化論』)。べフによれば、「日本文化論」では学問に不可欠な理論的積み重ねや相互の批判・反批判がほとんど見られず、一つひとつの論考が関連性のない一方的で独善的な自己主張となっている。その意味で「日本文化論」は「疑似学問」であり、単なる「大衆消費財」に過ぎないものと批判されている。

実際に社会に流通する膨大な「日本文化論」についてはその通りであろう。例外的に、例えば南博の『日本人論――明治から今日まで』が、明治期から現代にいたる膨大な「日本文化論」の諸著作を年代順に整理しており、また津城寛文の『日本の深層文化序説』が、テーマ別に整理している。しかしそれらは、個々の「日本文化論」の内容の簡略化された要約を叙述の中心とするものであり、それらの内容の理論的関連を説くものではなく、研究史の総括としてはやや弱い感がする(もちろんそれらは今後の「学としての日本文化論」の研究においてまずは参照すべき重要な労作であるけれども)。

ともあれ「日本文化論」が学問として成立するためには、まずは膨大なほどに残された「個々の日本論のできばえを検討」しながら、そうした先行研究の理論的積み重ねを土台として、新たな仮説を提示し、さらにその批判と反批判を繰り返すという、地道な作業をしていく以外にはないであろう。

仮説提示の重要性と本書の狙い

仮説→批判→反批判→仮説……という通常の学問の手続的循環の中で、仮説の提示は重要な過程であるが、「日本文化論」では他の学問分野に較べ、仮説の提示自体までも多方面から批判されるという事情がある。一つには「日本文化論」が、既述のナショナリズムと政治利用という観点からとりわけ批判・忌避されるからであり、さらには、「日本文化論」は諸学を越境した一種の「学際的立場」に立つからである。

一方で今日、あまりに細分化され視野狭窄に陥った諸学問の閉塞状態が問題視されている。方法論的に確立した既存のディシプリンによる、細かな事実に焦点を合わせた精緻な研究だけが学問として認められ、とりわけポスト・モダニズムによるグランド・セオリーの解体以降、「木を見て森を見ない」研究や、知識の「断片化という状況」がますます深まっている。

例えばいわゆる「梅原日本学」の「大胆な仮説」などは、多方面から忌避され、「もはやこれは学問とは言い難い」とまで批判された（倉本一宏他「〈鼎談〉「日文研問題」をめぐって」）。もちろん「大胆な仮説」は、素朴な実証主義から見れば、「おもいつき」や「憶測」と紙一重という面もあろう。

しかし、梅原猛の「大胆な仮説」への批判に見られるような、日本研究による「日本文化論へのアプローチの忌避」が、他面において、「ある種の全体論的な視座が衰退してしまった」一つの原因ともいえよう（坪井秀人「〈特集　日本研究の過去・現在・未来〉はじめに」）。

独自の方法論もパラダイムも持たない「日本文化論」は、さまざまなディシプリンを越境する「学際的」かつ「全体論的」性格のものであり、それ故に、とりわけ「大胆な仮説」を必要とする。その「仮説」は、確実に実証されなくとも、少なくともその蓋然性を理論的に示さねばならず、さらにはこれまで理解不能な諸事象をその「仮説」を使って明らかにすることができるかどうか、あるいは既存の理論をその「仮説」を使ってより根本的に説明できるかどうか、という有効性も問われる。「仮説」は、少なくともこうした「蓋然性」と「有効性」を持つものでなければならない。

私もまた本書で、一つの「仮説」を提案しようとするものである。その際、従来の「日本文化論」にあった日本文化の「独自性」の追求にとどまらず、その「独自性」のよってきたる由来を問う。従来の「日本文化論」が「日本文化」の「独自性」という視点にあまりにとらわれたものであり、それゆえ他の諸社会・諸集団とは異なる「独自性」がはじめから存在するものと見て、その「独自性」を主張することで事足れりとしていたと言ってよい。その意味で「日本文化論」は、内容は「国学」を脱しても、視点は「国学」のままと言ってよいだろう。本書は、「日本」を中心とする磁場にとらわれることなく、より広い人類史的な視点から、言うところの「独自性」の由来は何か、その「独自性」そのものの性格は何か、を問う。後述するように、そのことで逆に「独自性」そのものが相対化されることにもなる。そのことは、「仮説」の蓋然性に関わり、主として第五章で展開される。

次に「仮説」の有効性についてでは、その「仮説」で、従来の多くの「日本文化論」がどのように説明されるのか、どのようにその中に位置づけることができるのか、を問うことになり、第六章で述べられる。そのことは他面において、「学としての日本文化論」にとって必須である、先行研究の理論的積み重ねの吟味につながる。

以上のように本書は、日本文化に関する大まかな「見取り図」としての「仮説」ないし「理論モデル」を提起することを狙ったものである。

加藤周一の「日本文化論」へ

日本文化に関する「見取り図」としての「仮説」を考える足がかりとして、まずは加藤周一の「日本文化論」を取り上げる。加藤の「日本文化論」といえども、従来の「日本文化論」の問題性を必ずしも克服しているものではない。とりわけ加藤がその論を展開するに際して、従来の「日本文化論」にほとんど論及していない。自らの「日本文化論」と他との関係、従来の「日本文化論」の理論的蓄積に対して自らのものをどのように位置づけるか、という点を明確に述べていないのである。その意味では彼の「日本文化論」もまた、数多くの「日本文化論」のなかの一つとして、単なる「大衆消費財」として扱われてきたと言えよう。

しかしそうした問題があるとはいえ、通時的課題や共時的課題を自覚したうえで、可能な限りの比較を通じて包括的な「日本文化論」の構築を試み、一定の成果をあげた稀な探究者の一人が加藤周一であった。周知のように加藤は、戦後直後から詩人、小説家、フランス文学者、文芸評論家として活動を開始し、とりわけ日本の戦前・戦中の思想や文学への批評とともにフランスを中心とするヨーロッパの思想や文学の紹介・論評を行なってきた。一九五五年前後からは、以前の活動を引き継ぎながらも、「日本文化論」が中心となり、それは後年の彼の主著三部作である『日本文学史序説』、『日本　その心とかたち』、『日本文化における時間と空間』に結実する。他方、既に一九五〇年代からいわゆる「時評」の執筆活動が展開され、とりわけ一九八〇年代からは新聞紙上で連載された「山中人閒話」や「夕陽妄語」を中心に「時評」の執筆が彼の中心的な活動であるかの感を呈するほどになる。

そこでは政治、社会、教育、歴史、紀行、読書、私記、芸術・学術作品等、極めて多様なテーマに関して、簡潔でリズム感があり、考え抜かれた思考からの明晰で美しい文章が綴られてきた。

とはいえ加藤の中心テーマが「日本文化論」であることについては、異論がないだろう。しかし、加藤の「日本文化論」そのものの内容に関する立ち入った論考は、これまで少ない。加藤の著作が注目されてきたのは、彼の思想・作品・人格を時代に即して総合的に論じる面からであり、そうした面での優れた論考はある。矢野昌邦『加藤周一の思想・序説　雑種文化・科学と文学・星菫派論争』、菅野昭正（編）『知の巨匠　加藤周一』、鷲巣力『加藤周一を読む――「理」の人にして「情」の人』、鷲巣力『「加藤周一」という生き方』、海老坂武『加藤周一――二十世紀を問う』、成田龍一『加藤周一を記憶する』等である。他方、彼の「日本文化論」に対する多くの論及があるにもかかわらず、彼の中心テーマである「日本文化論」のトータルな把握に焦点を絞ったものは見当たらないのである。また彼自身、彼の日本文化に関するいくつかのまとまった著作と数多くの論考を著わしているとはいえ、それらを全体として整合的に体系化しているとは言えない。

本書は二つの柱からなるが、まず一つは、加藤の「日本文化論」に関する全体の検討を通じて、彼の「日本文化論」の形成過程を追い（第二章）、その全体像を整合的に理解し体系化することを目的とする（第三章と第四章）。そこでは加藤の説をまとめながら、その整合的体系化に努める。

その上で第二の柱として、加藤の説を足がかりにして、従来の「日本文化論」から一歩踏み出し、従来の多くの「日本文化論」をもそこに位置づけることができるような、私なりの日本文化に関する一つの「見取り図」としての「仮説」を提示しようとした（第五章）。本書にとって最大の試みが、この第五章である。その「仮説」と従来の「日本文化論」との関係を考察し、従来の「日本文化論」をその「仮説」によって基礎づけようと試みた（第六章）。以上が本書の大まかな構成である。

それは他面において、「古今東西、森羅万象」を対象とし、単なる専門家をはるかに超えた加藤周一という「稀代の大知識人」（鷲巣力）の全体像を捨象して論じる点で、加藤の矮小化とも言える。とはいえ本書は、加藤作品を人と時代に即して内在的に論じる「加藤周一論」ではなく、様々な加藤作品を援用しながら日本文化に関する理論仮説を抽出しようとする日本文化論を意図したものである。彼のその学は、今後の「学としての日本文化論」の発展に貢献しうるものと考えるからである。

この項の最後に、加藤の「日本文化論」の方法について触れておきたい。彼が「日本文化論」を構築するにあたって考察の対象としたものは、主として芸術作品であり、古今の文学（後述のように、加藤の「文学」概念は、思想および宗教に関する「言語表現」を含む広範囲なものである）、美術（絵画、彫刻、工芸等）、建築、音楽、演劇、舞踊、茶の湯等あらゆる領域に及び、それを、網羅的とは言えないまでも、欧米、中国、イスラム、インド等の芸術作品とできるだけ比較するという方法であり、「古今東西」に及ぶその範囲の広さには驚くべきものがある。

他方、彼の「日本文化論」は、直接に民衆を対象とするものではない。その点では、文化人類学や民俗学の成果を援用するものではないのが、加藤文化論の不備とも思える。主著『日本文学史序説』には柳田国男の項目があり、他の論考にも『金枝篇』やレヴィ＝ストロース、日本の民俗資料への言及もあるとはいえ、この分野への関心が芸術や思想の分野ほどにあったとは思えない。その意味では、加藤の論は、知識人層の文化を観察して、日本社会全体（全集団）に一般化するという問題があることは言うまでもない。

しかしそもそも日本文化論は、上層貴族や武士、商人、農民等の相違に基づくそれぞれの文化は確かにあるとはいえ、それを越えて共通にある文化を探究するものである。加藤においても、日本の知識人層の文化と日本人一般の文化との関係は、はじめから同質と見なされていたというものではない。様々な文学、美術、建築、音楽、演劇等の中には民衆の文化が先鋭的に表現されている作品があり、加藤はそうした芸術の中に民衆の文化をも探っていこうとした。主著『日本文学史序説』の中には、そうした試みが幾度となく見られるのである。

【注】

（1）これまでも従来の「日本文化論」の「学としての欠陥」を指摘する批判論も数多く発表されてきた。まとまったものとして、河村望『日本文化論の周辺』、杉本良夫／ロス・マオア『日本人論の方程式』、杉本良夫／ロス・マオア（編著）『日本人論に関する十二章』、ハルミ・ベフ『イデオロギーとしての日本文化論』等があるが、それらが指摘する「日本文化論」の方法的な欠陥を前述のⅠ、Ⅱ、Ⅲの視点をも含めてまとめると、

①特定の時代の特徴を、日本の歴史を貫徹するものとして一般化する歴史研究の軽視ないし無視（通時性に

関して)。
②ある特定の階層や集団を観察し、日本社会全体(全集団)に一般化するという、サンプルと母集団との間の関係のあいまいさ(共時性に関して)。
③他国と比較せず、もっぱら日本のことを述べただけで、そのことを日本の個性と主張する比較そのものの欠如(異質性に関して)。
④他国と比較する場合でも、もっぱら西洋(欧米)のみを対象とする西洋偏重の比較(異質性に関して)。
⑤比較の対象を西洋とする際でも、西洋の多様性を捨象し、西洋全体を一元的かつステレオタイプ的に把握する西洋一元論(西洋以外の国々においてもステレオタイプ的なイメージを前提とする傾向が見られる)(異質性に関して)。
⑥例えば、ある国の管理職と日本のブルーカラーを比較して、あるいはある国の近代と日本の中世とを比較して、両国の一般的な違いとする異質なサンプル(職業、性別、年齢、時代等)の比較(異質性に関して)。
それらの他に、
⑦バラバラで断片的な実例をもとに一般的な命題を提出するという、方法そのものの欠如。
⑧キー概念が明確に定義されていない不確かさ。
等であり、こうした点で根拠の乏しい「日本文化論」は、真理を求める正確な学術的な議論ではないとされる。
(2)それが第二次世界大戦中のアメリカで敵国研究に応用された「国民性(民族的性格)」研究であり、ベネディクトの『菊と刀』等が生み出された。

第一章　加藤周一「雑種文化論」の問題

「文化」の概念

三年余りに及ぶフランス留学から一九五五年三月に帰国した加藤は、その年の『思想』六月号に「日本文化の雑種性」（『自選集』2）を、『中央公論』七月号に「雑種的日本文化の課題」（後に改題されて「雑種的日本文化の希望」、なおこの論文は後に『著作集』7に収録されたが『自選集』には収録されなかった）を発表する。そこでの「日本文化は雑種的性格を持つ」とする主張は、「雑種文化論」として、一九五〇年代後半以降、世に広く流通し大きな影響を与えた。今日に至るも加藤の「日本文化論」と言えば、多くの人々が「雑種文化論」をイメージしている。(1)

「日本文化は雑種である」ということは、「雑種文化は日本固有のものである」〈日本的なもの〉＝「文化の雑種性」）ということまでも意味しているわけではない。しかし加藤は、近代の英仏の文化が「純粋種」の文化の典型であり、日本の文化を「雑種文化」の典型と考えたのである。ちなみに近代までの中国の文化は「純粋種」であり、ドイツやロシアの文化は「雑種」であるとしている。

加藤の議論から離れるが、ここで「文化」という概念を明確化する必要があろう。「文化」という言葉は、日常的な使用のみならず、公的な文書や学術的な論議においてさえ、その意味するところは多様であり、時に曖昧でもあるからである。加藤も「雑種文化論」で明確に定義しているわけではない。「文化」概念の詳細について、私は日本文化政策学会の機関誌『文化政策研究』第十一号（二〇一八年）の「文化政策における「文化」概念の問題」という論稿で論じたので、ここでは詳細は記さないが、その要点だけを述べておきたい。

まず最広義の文化概念として、ある一つの社会集団の生活様式（way of life）の総体という定義がある。例えば日本で最もスタンダードな文化人類学のテキストの一つである祖父江孝男の『文化人類学入門』には、「文化とは後天的・歴史的に形成された、外面的および内面的な生活様式の体系であり、集団の全員または特定のメンバーにより共有されるもの」という定義が採られている。この定義は、文化の次元としては、観念、世界観、価値観、道徳観、理念、イデオロギー、記憶、等の「内面的」な意識の次元を含むとともに、それが「外面的」に表れた技術、制度、組織、ルール、生産、営為、等の行為の次元、およびその所産の次元としての施設、建物、設備、機器材、生産物、作品、等をすべて含む。また文化の分野としては、衣・食・住、言語、宗教、社会（親族・経済・政治・法）、口頭伝承、芸能・芸術、医療、福祉、教育、環境、等々を含む。要するに、自然に適応するために、あるいは自然に抗して、生物的な遺伝的要素から独立して、人間が創造したものの総体に及ぶ。ここでは便宜上その文化概念を、①〈生活様式〉と表記したい。

文化を理解する際の要点は、文化とは自然のままの状態ではなく、人間が新たに「創造したもの」であり、それが一定の集団の中に「共有されたもの」である点にある。つまり〈創造性〉と〈共有性（あるいは社会性）〉が「文化」の基本要素なのである。この点に関しては、以下に述べるすべての文化概念においても同様である。

第二の文化概念は、こうした「生活様式」が高度化、洗練化、卓越化していることを意味し、「文明」とほぼ同義の定義である。例えば三省堂の『大辞林（第三版）』では、文化とは「世の中が開け進み、生活が快適で便利になること」と記す。日本では、そこから転じて「便利な」「新式の」「ハイカラな」といった意味にも使われ、「文化住宅」「文化鍋」「文化包丁」という言葉に表れている。ここでは便宜上それを、②〈高度な生活様式〉と表記する。

第三の文化概念は、「内面的」なものと「外面的」なものの双方を含む「生活様式」総体のなかでも、基底的次元である「内面的」な次元に着目し、表層的な行動・態度や制度、産物（所産）が何に由来するのか、その由来するところの観念を文化ととらえる。文化とは、「人間に固有の記号を介して蓄積された知識や情報、ないしは観念の総体」という定義となる。この文化概念をここでは便宜上、③〈観念体系〉と表記する。

第四の文化概念は、この観念体系自体が高度化、洗練化、卓越化していることを意味する。人間の観念の世界の中でも、知的・精神的活動である「高度な」宗教（そこから生ずる「高度な」道徳）、学術（学問と思想、およびその応用、そのための教育）、芸術等の活動とそれらの所産を指して文化と呼ばれる。

図表１　文化概念の相関関係（基本型）

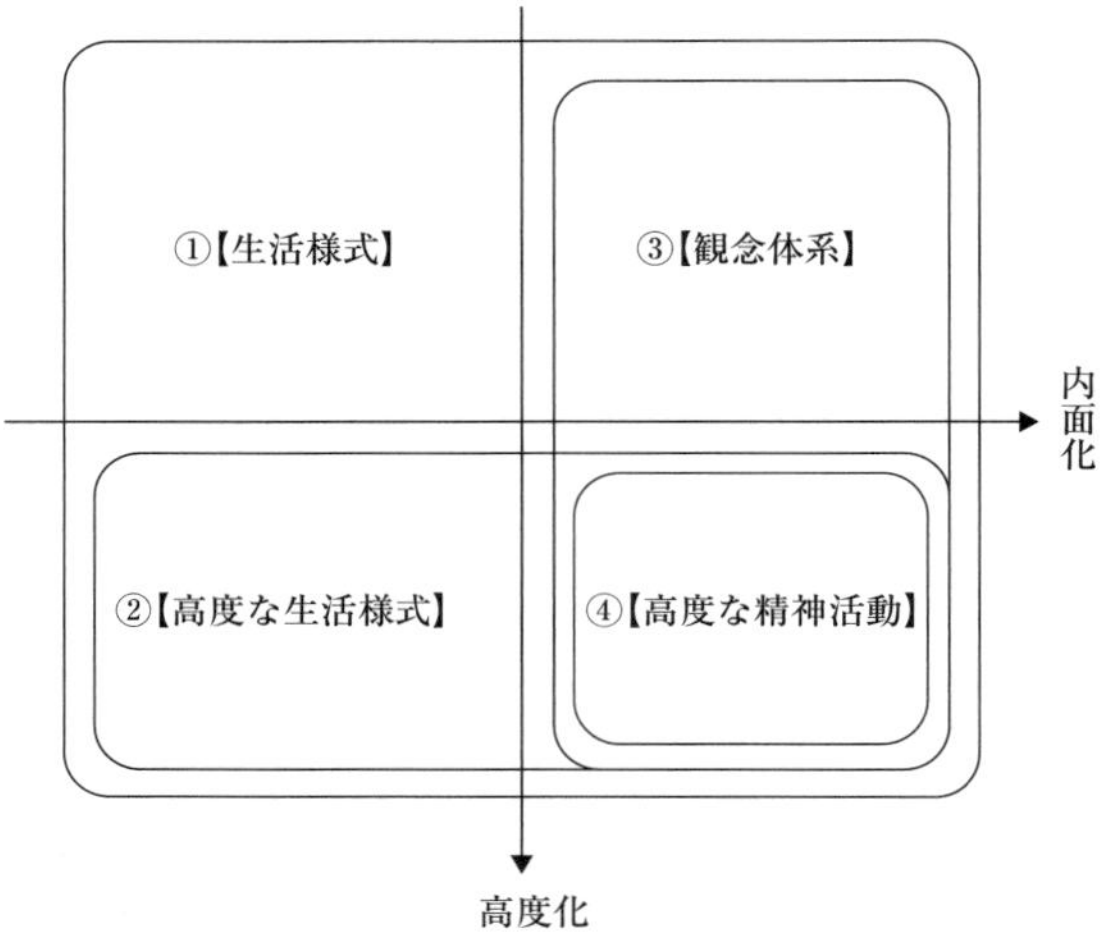

出典：筆者作成

典型的には学術と芸術であるといってよいだろう。ドイツ・ロマン主義以来の、物質的所産である文明に対して精神的所産である文化という、文明と文化の対立がこの概念に対応している。この高度な精神的活動とその所産という意味での文化概念を、ここでは便宜的に、④〈高度な精神活動〉と表記したい。

以上、四つの文化概念の相関は、縦軸に高度化の方向を、横軸には内面化の方向をとった図表１（基本型）となる。

この相関図は基本型といえるが、それぞれの型はさらにいくつかの文化概念を含んでいる。①〈生活様式〉という文化概念から、特定集団（国、時代、地域、様々な集団等）が持つ個性やアイデンティティに注目した場合、他の集団とは区別された生活様式の個性を文化だとする概念が成立する。日本文化、中国文化、黒人文化、若者文化……等々と呼ぶ文化概念である。この文化概念は、基本的には①〈生活様式〉であるが、自集団の他集団との差異化を重視する点で第五の文化概念といえよう。それをここでは便宜的に、⑤〈特定集団の個性〉と表記したい。

次に④〈高度な精神活動〉については、人間そのものに注目した場合、高度な精神活動の結果としての人間そのものの高度化、洗練化、卓越化、及びその帰結としての教養を文化とする文化概念がある。さらには、洗練された良き趣味の向上によって教養を蓄えることは、精神を向上させ、ひいては人格の陶冶につながるという形で、教養と人格は結びつく。「文化程度が高い、低い」という言い方にも表れるが、身につけるべき教養、完成に向かうべき人格としての文化概念である。ここではこの第六の文化概念を便宜的に、⑥〈教養・人格〉と表記したい。

最後に最狭義の文化概念として、④〈高度な精神活動〉のなかの芸術のみを意味する文化概念がある。現在の各国の文化政策においてはこの文化概念が最も普及したものであり、世界中の文化担当の省庁の管轄は、芸術をメインとしている。芸術はもともと音楽、美術、文学、舞踊、演劇、建築等を意味したが、現在ではこうしたいわゆる高級芸術（fine arts）のみならず、前衛的な芸術、メディア芸術、伝統芸能や大衆芸能を含むものとされ、それとともにその表記も「芸術」よりも「芸術文化」ないし「アーツ」という言葉が使われるようになった。ここではこの第七の文化概念を便宜的に、⑦〈芸術〉と表記したい。

これまでの文化の定義を概略的に以上の七つに整理分類したが、その相関を図表2（発展型）に示

図表２　文化概念の相関関係（発展型）

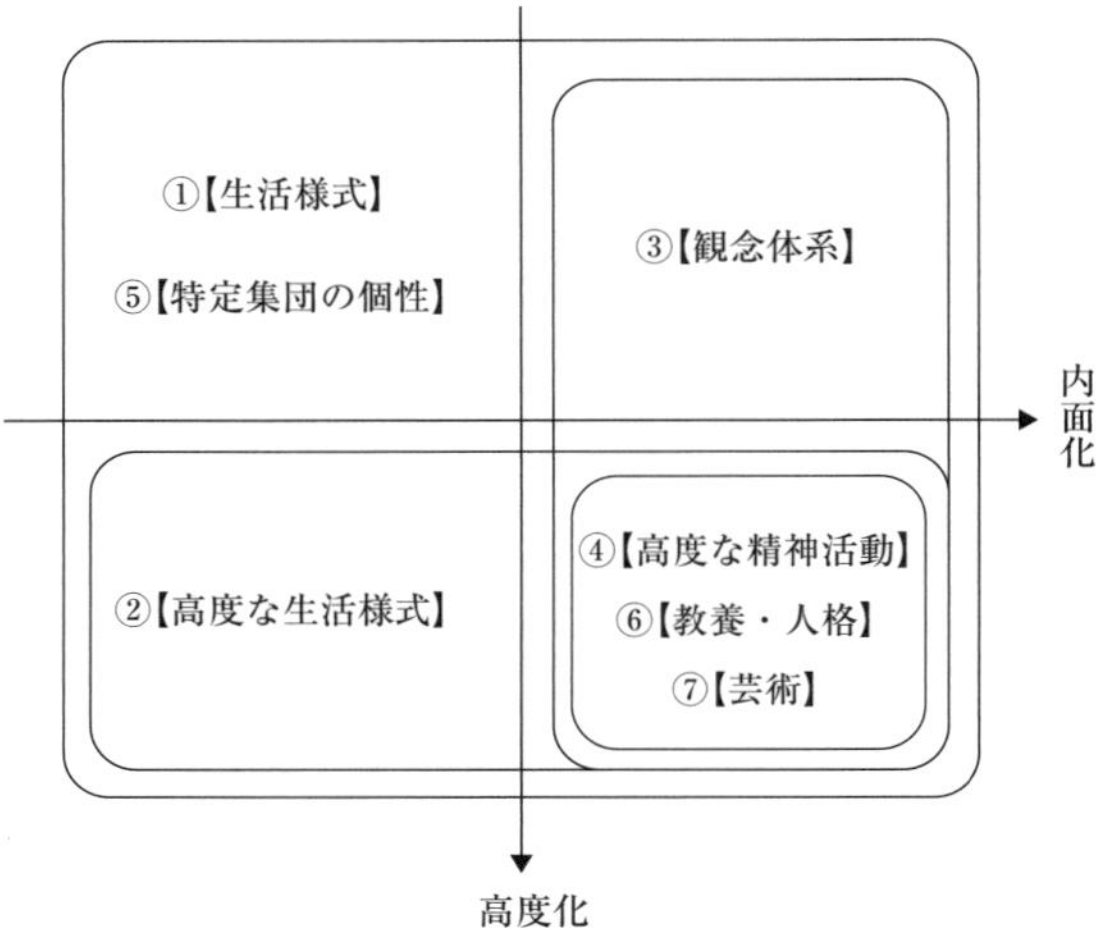

出典：筆者作成

した。

加藤は「文化」を明確に定義しているわけでもないし、一つの文化概念を首尾一貫して使っているわけでもない。加藤自身も一方で、社会学や文化人類学の文化概念である、人間が自然に抗して創造した生活様式全体という①の最広義の意味でも使っており、他方で、人間精神が創造した高度な精神活動ないしその所産、とりわけ高度な芸術や学問に特化した概念である④の意味でも使っている。

本書では、「文化」を、まずは生活様式や行動様式から社会関係や制度・組織、さらには芸術や学術までも含む①の最広義の概念で用いる。最広義の概念が他の文化概念を包括するからである。しかし日本文化の個性や特質を問題にする本書の言う日本文化論では、⑤〈特定集団の個性〉という意味であることは言うまでもないのであって、これが本書の日本文化論の「文化」概念である。

「雑種文化論」の問題性

ともあれ「文化」という曖昧な語を、まずは最広義の生活様式全体の意味で用いるならば、日本の文化が古代から現代にいたるまで「雑種」であることは当たり前のことであるどころか、雑種文化論の批判者たちが言うように、どこの国の文化もすべて雑種であり、英仏とて例外ではない。加藤が「純粋文化」の代表と見たフランスでさえ、P・ジュリー・ブロックは、フランス文化の雑種性を説きつつ、「純粋のフランス文化」という加藤の仮説には、フランス国民自身が驚きを感じると記している（「加藤周一と日本文化雑種性の問題」）。ブロックの言を俟つまでもなく、英仏を含むヨーロッパこそ、古くから様々な民族が入り込み、最も多様な文化接触と文化混合を経験した地域であり、北方ゲルマン的、スラブ的、地中海的、ヘブライ的のみならず、ビザンチン的、ペルシア的、インド的文化のごった煮の中から今日のヨーロッパ文化が生まれたといえよう。

それでは加藤のいう文化の雑種性とはどういうことなのか。彼によれば、文化の「枝葉」ではなく、文化の「根本」が「純粋」か「雑種」かということであり（「枝葉」においては、英仏といえども雑種であり、外国の影響を受けているという点は加藤自身も認めるところである）、その国の「文化が純粋種」であるということは、その国の「学問芸術から服装や生活様式の末端」まで文化の全体が、伝統的なものによって培われた一つの原理に基づくものであることを意味するのである。従って「純粋文化」が、一国の文化全体が一つの根本的な原理からなる文化であり、「雑種文化」とは、その国の文化全体が複数の根本原理が混合した文化であることになる。加藤は「雑種文化論」において、近代の日本に限定しているのだが、日本と西洋という二つの根本原理がどちらも抜きがたく深く融合している（「根本的に雑種」）という点に、雑種文化が典型的に表れているとする（「日本文化の雑種性」論文）。

それでは文化の「根本」（的な原理）とは何か。この時点で加藤は明確に述べているわけではない。後に加藤は、先のP・ジュリー・ブロックの論文に対するコメントの中で、「文化の根本」の意味を言語を例にとり、「制度及び価値体系の根幹であるところの、それなしでは社会が成り立たないような語彙」（『日本を問い続けて　加藤周一、ロナルド・ドーアの世界』）と定義しているが、言語に限定しているところに、なお不明確さが残る。「文化の根本」の定義がなくては、そもそも加藤の言う「雑種文化論」は成り立たないが、それ以上に加藤は、「純粋」な英仏の文化の根本（原理）とはいかなるものかという点のみならず、「雑種」である日本文化の根本（原理）とはどのような内実をもつものかという最も肝心な点を、この時点ではほとんど述べていないのである。

要するに、「文化」や「文化の根本」といったキー概念の明確な定義もなく、「純粋」「雑種」といった文化の根本の内実も明示されない彼の「雑種文化論」は、いかようにも解釈されるものであり、決して明確なものでもなく、何よりも実質的な内実を持つ「日本文化論」ではなかったのである。

実は「雑種文化論」における加藤の本当の狙いは、鷲巣力や海老坂武が指摘するように、終戦以来議論されていた日本という国家の目指すべき二つの方向――伝統的な純粋な日本文化を想定しこれを目指す方向（「国民主義」あるいは「日本主義」）と、欧米をモデルに日本文化の近代化を目指す方向（「近代主義」あるいは「西洋主義」）――という二つの「純粋化運動」に対する批判にあった。その意味では、「雑種文化論」とは、理論的な「日本文化論」ではなく、実践的、政治的な時局論文であったと言えよう。海老坂武が指摘するように、この「雑種文化論」の主旨は、①日本文化の雑種性を指摘しこれを直視せよ、②この現実を直視しない相反する二つの純粋化運動は共に不毛である、③文化の雑種性には積極的な意味がある、という点にあり（『戦後思想の模索　森有正、加藤周一を読む』、『加藤周一――二十世紀を問う』）、かつその点にしかなかったのであって、日本文化の内実を説くことではなかったと言えよう。

さらに「雑種文化論」には、大きな矛盾点があるとも解釈できる。後に加藤は日本の「土着世界観」という原理を想定し、いくつかの「外来の世界観」という原理が日本に入ってきても、それらは常に「土着世界観」によって、そして「土着世界観」の方向に変容したことを主張している。欧米の技術や制度という文化の「枝葉」が導入されても、欧米的な世界観という原理そのもの（文化の「根本」）が受容されたのではない。そうであるならば、日本の文化の根本原理とは「土着世界観」という一つの原理であり、必ずしも「雑種文化」ではないことになる。「雑種文化論」と後の加藤の「日本文化論」とは、矛盾していると解釈しうることにもなる。この点については、既に海老坂武が早くから、『戦後思想の模索』の中で、日本文化における根本的な一貫性という加藤の主張と「雑種文化論」との「食い違い――不整合」を指摘している。

加藤周一の企図したもの

この時期の加藤は「認識のための認識」は意味がなく、とりわけ「実践的展望」を重視していた。しかし正確な認識がなければ有効な実践となるのは難しい。加藤は事実認識の問題を軽視し、当為の問題を優先的に主張したとも言えよう。しかし少なくとも「日本文化論」については、この態度は徐々に転換し、事実の問題に集中していくことになる。例えば一九五六年九月に『体系文学講座7』に発表された「世界文学から見た日本文学」(後に「果たして「断絶」はあるか」と改題して『自選集』2に収録)のなかに、文脈は異なるとはいえ、こう書いている。「私はここで事実の問題を扱う。当為の問題はそのつぎにくるべきものだ」と。敢えて単純化した言い方をすれば、「世界を変えること」を目指した「雑種文化論」は終焉し、「世界を解釈すること」を重視することから、彼の「日本文化論」が始まるのである(「実践者」から「認識者」へ)[2]。

ただし加藤は、実践的意図も「雑種文化論」という主張も、最後まで捨てることがなかった。加藤は晩年の二〇〇四年二月十二日、『朝日新聞』連載「夕陽妄語」の「翻訳・風流・自然」(『自選集』10)という文章の中で明治初期の大規模な翻訳事業に触れ、その事業により「私がかつて名付けたように「雑種文化」が成立した」と記して「雑種文化論」を保持している。それは推測するに、以下の理由にあったように思われる。「日本文化の雑種性」論文が後年、『加藤周一著作集』に収録される際に「追記」を記すが、その中で「雑種文化論」は「信仰告白」であった、と不思議な言を記している。それはおそらく、加藤の基本的価値である人権や自由、民主主義というものが、日本人の間にも内面化され定着するためには、その「根本」である西洋的世界観そのものも日本には受容されねばならない、従って「根本的」に雑種であるべき、と考える加藤の「信仰」とも言える切実な思いからであった、と。

【注】

（1）一言付け加えるならば、加藤の「雑種文化論」を、この二つの論文で代表させるのか、それとも一九五六年に発表された『雑種文化――日本の小さな希望』にまとめられている関連論文をも含めるものとするのか、さらには加藤の「日本文化論」全体を意味するのか、という点について、ここではこの二つの論文に限定して論じたい。彼の全論文を含めても、本書の趣旨は変わらないからである。

（2）なお海老坂武は、加藤における「実践の視点」から「観察の視点」への転換を、一九五九年の「戦争と知識人」に見ている（『加藤周一――二十世紀を問う』）。

第二章　加藤周一における「土着世界観」の追求

1　文学を中心として

本章では、加藤の「日本文化論」に関する論文を年代順に取り上げ、彼の「日本文化論」の成立過程を検証していく。なかでも「文化の根本」と見なされる世界観に焦点を集中する。

加藤は、「世界観とは、存在の面のみならず、当為の面（価値観）も含めて、人の自然的および社会的環境に対する見方を包括的にいう」（『日本文学史序説（下）』）と定義する。それは彼の独自の定義ではなく、人間を含めた世界をトータルに把握し、人間にとっての意味を提示するものという、世界観の一般的な理解であろう。彼は日本の歴史を一貫する世界観を「土着世界観」と呼び、それを追求した。ただその世界観の具体的内容については、時代により集団により表現形態は異なるものであって、彼が追求したのは、その世界観の「内容」であるよりも、その根本的「性格」であると言ってよい。

私は、この世界観の「性格」を、

Ⅰ〈射程〉（認識対象とする世界の範囲）
Ⅱ〈視点〉（世界認識における重視する視点）
Ⅲ〈思考〉（思考の性格、思考様式）
Ⅳ〈価値〉（価値観や倫理・規範の性格）

に分類整理し、それぞれの面について見ていきたい。こうした分類を加藤自身が明示しているわけではないが、私の恣意的な分類ではなく、後に見るように加藤の議論の中から抽出したものである。

加藤の「日本文化論」が本格的に形成されていくのは、既述のように「雑種文化論」以降である。フランス留学を通じて「比較という視点」（鷲巣力『加藤周一を読む』）を獲得した後に、本格的な日本文化論が展開されたと言えよう[1]。

世界観における〈射程〉の非超越性

先に「雑種文化論」には日本文化の内実がないと記したが、実は「雑種的日本文化の希望」論文の後半部に、日本文化の雑種性の議論とは関係なく、日本文化の特質が説かれている箇所がある。そこには、日本美術史を貫く特徴として、尾形光琳の画風に言及しながら、①「一種の装飾主義」、②「細かい写実主義」が、他方、日本文学史を貫く特徴として、①「文体の装飾的な技巧主義」、②「描写の写実主義」が挙げられている。後に加藤が何度も強調するように、美術と文学が日本の芸術を代表する二大ジャンルであり、その美術史と文学史に共通する特徴が、①「装飾主義」と②細部の「写実主義」と言うのである。この日本の芸術文化に共通する二つの特質に対する十分な根拠づけは、当該論文においてはなされていない。それは、この説自体、加藤の独自のものではなく、それまでに日本美術の特質と言われてきた、いくつかの特質のうちの二つのものだったからであろう。

例えば三島由紀夫は、加藤の「雑種的日本文化の課題」論文が出された同じ年(一九五五年)に「小説家の休暇」として発表された日記の六月二十六日の箇所に以下のように記している。「私は、光琳、宗達の芸術と『細雪』との親近性を考える。つまり世間で考えられているのと反対に、写実主義と装飾主義とは盾の両面なのだ。日本的美学というものは、この一つの根から生い出た二つの花によって説明される。共に極度に反ゴシック的なもの。」このように当時は、装飾主義と写実主義という日本文学と日本美術、総じて言えば日本の芸術の特徴把握はかなり広く見られたものと言えよう。

ただし、ここで留意すべきは、「細かい写実主義」あるいは「細部の写実主義」と言う場合、realismusという意味での「写実主義」に力点を置くのは間違いであろう。とりわけ絵画においては、遠近法や明暗法に基づく西洋絵画はもとより、中国絵画に較べても、日本の絵画は「写実主義realismus」を重視するものではないことは明白だからである。この時期よりかなり後に、加藤は日本美術に関する総集成として『日本　その心とかたち』をまとめるが、その中で日本と中国の水墨画を比較しながら、中国では主観を越えて外的世界を客観的に描写する「写実」を重視するのに対して、日本では外的世界の描写よりも自己の内面的世界の表現を第一とする主観主義的な「表現主義」が重視され、それ故に、中国の水墨画を代表する馬遠や夏珪は日本では好まれず、逆に中国では評価の高くない牧谿や異端である梁楷が好まれよく輸入された、と説いている。従って日本絵画の特徴としては、「写実主義」よりも「細部」ないし「細かい」という点に力点が置かれるべきであって、日本絵画は、細部の描写において「写実的」であると解するべきであろう。

また「装飾主義」は古くから日本絵画の特徴の一つとされてきたが、その意味内容はわかりにくく、加藤も明確に述べてはいない。ここでは高階秀爾（『増補日本美術を見る眼　東と西の出会い』）に従って、以下のように理解しておこう。一定に固定された視点から、遠近法や明暗法などによって、二次元の画面に三次元の世界を眼に見える通りに再現しようとする西欧の「写実性の原理」に対して、日本の「装飾性の原理」とは、二次元の平面としての画面の特性を尊重し、描かれる個々の諸対象を尊重し（細部の尊重）、視点の自由な移動により、個々の対象のそれぞれの特性に応じた視点を採用して、平面の中に多くの部分図の並置によって二次元の画面を覆うという意味であり、そこでは画面の表面を華やかに覆い、多彩な画面が燦然と輝いて美しく見えることを求めるのである。「装飾性の原理」とは、本来「写実性の原理」と相反するものなのである。

従ってここで加藤の言う日本美術の特色というのは、「装飾主義」と「細部への関心」というのが、正確であろう。「細部への関心」の故に、細部のみが写実主義的に描かれるということになる。後の『日本　その心とかたち』において、加藤は、日本美術の始点である縄文土器が高い水準の独創性と多様性、力強い造形的表現をもっていると評しながら、殊に火焔土器を例にとり、極めて装飾的であり、装飾部分は明らかに全体とのつり合いを無視している点、また器の特定の細部・部分そのものへの関心を持っている点、つまりは「装飾」と「細部」を指摘し、日本の美術史は縄文土器にその出自を持つのであって、その後の日本美術に受け継がれたと説いている。

以上は補足として、「装飾主義」と「細部の写実主義」に話をもどそう。三島にとっても、加藤にとっても、この二つの日本の芸術文化の特徴は、実は「同じ淵源」から出た一つのもの、三島の言葉に従えば「盾の両面」であり、加藤はその「淵源」を「一種の感覚主義（という世界観）」とする。ここで「感覚主義」の世界観とは、「感覚的・日常的・経験的世界がそのまま現実であり、唯一の存在であって、その世界を超えたいかなる種類の世界の存在もみとめないという世界観」であり、「見たままの世界の他にどういう世界も信じない」（『雑種的日本文化の希望』）という世界観である。つまり世界観のI〈射程〉は、日常的に経験する世界あるいは「此岸」という形而下の世界の範囲に限定され、それを超越する形而上の世界、つまりは日常的世界とは異なる神の世界、「彼岸」や真理の世界などに及ばない。そこでは、「よみの国は単に遠い国であって、此岸を超越する彼岸ではなかった。往復はむずかしいとしても、不可能ではない。神々は絶対的な善でも、完全な存在でも、無限でもなく、そういうものとして人間の相対性、不完全性、有限性に超越していたわけではない」ことになる。感覚的・日常的・経験的世界とは別に、超越的な世界（神という実在の世界、真理の世界）を見ることはないのである(2)。

前述した世界観の分類整理に従えば、以上の加藤の説は、世界観のI〈射程〉において、〈超越性—日常性〉ないしは〈彼岸性—此岸性〉という軸の中で、日本の「土着世界観」の性格は〈超越的ではなく日常的〉、〈彼岸的ではなく此岸的〉と特徴づけられる、ということである。

この世界観の帰結として、日本の芸術においては、一方では日常的事象の観察はいよいよ鋭く、いよいよ細かくなって細部の「写実主義」に到り、他方で感覚的事象に対する美的感受性は洗練され、感覚的にとらえた魅力を追求することによって「装飾主義」に到る。まさに「装飾主義」と細部の「写実主義」が、この世界観の外的表現であった。

以上のように、日本人の非超越的世界観の射程は、「感覚的・日常的・経験的世界」であり、それを超える「超越的な世界」は、基本的には、空理空論として射程の外に置かれたのである。

「タンジブル」な世界

ここで加藤の論述からいったん離れるが、こうした説は、実は加藤だけのものではなく、従来の「日本文化論」の中にも、それほど目につくことはなかったが、それなりに捉えられていたのである。

船曳建夫は『「日本人論」再考』の中で、「英語に、tangibleという語がある。モノを具体的に触知しうる、という意味の言葉である。ルース・ベネディクトも中根千枝もこの言葉を、その本の中で日本を説明する重要な用語として使っている」と記している。従来の「日本文化論」の代表的論考であるベネディクトの『菊と刀』や中根千枝の『タテ社会の人間関係』の中で、「タンジブル tangible」という語がまさにキーワードとして使われていたことはあまり知られていない。『菊と刀』や『タテ社会の人間関係』に関する数多くの論考の中には、この点に関する論及が見られないのである。しかし実は中根やベネディクトの議論を成り立たせている基底に、「タンジブル」な世界観が存在することは、後に述べるところである。この「タンジブル」という語は、思考のレヴェルにおける「空理空論」だけではなく、時間のレヴェルにおいても遠い過去や行方のわからぬ未来、空間のレヴェルにおいても直接に接触不能な範囲の人や事物等は、基本的に世界観の「射程」の範囲外に置かれ、具体的に「感覚的・日常的・経験的」に見る・聞く・感じることができる世界だけが、世界観の「射程」であったということを意味しているのである。加藤自身も「タンジブル」という言葉は、どこにも使っていないけれども、加藤の説く日本の非超越的世界観とは、まさに「タンジブル」な世界を射程とする世界観であったと言えよう。(3)

「私文学論」、「果たして「断絶」はあるか」

この土着世界観の解釈は、一九五五年十月の『群像』に発表された「私文学の復興」(後に改題され「私文学論」、『自選集』2に収録)においても繰り返される。日本美術においては、墨絵の山水画や禅画を中心とみる見方は無理があるとして、元禄を中心とした琳派や天明以降の木版画が「執拗で綿密な観察にもとづく素描の正確さにおいて、色の組合せと構図の装飾的な効果、その大胆さと洗練の度合いにおいて」、①写実主義(「細かい写実」)と②一種の装飾的傾向(「優美な線の純粋に感覚的なよろこび」)を持つものであるとする。

同様に文学においても、私小説を代表として、日常生活の細かい観察や文体の装飾に写実主義と装飾主義的傾向を持ち、そこから一種の抒情的雰囲気がかもしだされるものとして、文学と美術の同様な性格が論じられる。しかしそこには「哲学はゼロ」であり、「観察から普遍的法則を描きだそうとする傾きはいたって薄弱」であって、創造力が無く、感覚だけが冴えた独特の世界であったとされる。世界観の射程における〈超越性〉の欠如がここでも論及されているのである。

なおこの時点での私小説に関する加藤の定義とは「小説家がその日常生活を事細かに記録していくらかの起承転結の工夫を施した文章」であり、彼にとってそれは「日本人に独特の感受性」や「ものの考え方」の典型とされる。つまり私小説において、日本人の感性と思考の特徴的な型が表れていると見なすのである。

翌年の一九五六年九月に既述の「世界文学から見た日本文学」（後に「果たして「断絶」はあるか」と改題、『自選集』2に収録）でも、加藤は別の角度から世界観の射程における〈超越性〉の欠如について述べる。戦前から戦後に到るまで、日本文学の解釈に関して、明治以前と以後の文学（また文化そのもの）は断絶しており、一貫した伝統を考えることはできないとする「断絶説」が「通念」というほどに広く見られていたが、加藤はこの論文で、これに対する反論を二つの面から試みる。一つは文学芸術面からであり、もう一つはその深層にある「意識一般」の面、換言すれば宗教の面からである。

まず文学芸術面において、加藤は、伝統が「連続」しているか、「分裂」しているか、という問題は、「日本的なもの」をどうとらえるかという問題に係っていると考え、そこから文学芸術における「日本的なもの」を取り上げ、これまで文学芸術において「日本的なもの」と言われてきた、「枯淡」、

「わび」、「さび」、「もののあはれ」といった言説（「伝説」）を一つひとつ検討することから始める。そしてそれらは、日本文化のある時期に表れた一つの側面の性格に過ぎないものだとするのである。

例えば「枯淡」について、加藤は以下のように言う。どこの家にもある床の間の掛け軸の山水画は「枯淡」として好まれ「陰翳礼讃」と評される。しかしそれらには正確な素描もなく、空間の処理になんら工夫もなく、筆勢の雄大さもない。水墨画の本質などでは到底なく、「水墨画が安売りの商業主義とむすびついて粗製濫造のいかもの」となりさがり、頽廃して創造力を失った兆候にすぎない。対して雪舟の『山水図長巻』のような水墨画のほんとうの傑作は、「独創的な構図」、「空間処理の巧妙さ」、「周到な観察から分析し抽象する操作の見事な手順」「画面の全体からくるしずかで圧倒的な迫力」を示す。雪舟のような水墨画の傑作の「一体どこに枯淡の趣があるのか」と。

同様に「わび」、「さび」、「もののあはれ」についても、「日本的なもの」の代表ではないとする。日本の芸術の草創期から前期（六〜十三世紀）において、芸術的創造力が最も発揮された領域は彫刻であり、飛鳥時代から鎌倉初期に到る多くの仏像がそれを代表する。「その彫刻の傑作がどれ一つとしてわび、さび、もののあわれと何の関係もない」からである。むしろ日本の美術の頂点は「光琳に極まる」とする。「豪華であり奔放であり、しかも洗練その極みに達した感覚は隈なく行きわたっている。そして私はまさにその豊穣、その豪華、その純粋に感覚的よろこびのあふれてくるところにこそ、「日本」を感じるのだ」と言う。文学についても、「もののあはれ」については「平安朝の抒情詩と物語にはみとめられるかもしれない。しかし、抒情詩についても、『万葉集』に及ぼすことはできないし、芭蕉および、以後の俳人に及ぼして考えることは無理である。『万葉集』と芭蕉・其角・蕪村に通用しない美学的特質は、日本の抒情詩の特質とするに不足だろう」と結論するのである。

これらに対して日本文学の「国民的、また民族的特徴（「日本的なもの」）」とは、日常的世界の鋭利な観察と鋭敏な感受性を持つ「経験の文学」であり「日常的世界に執するもの」であって、「形而上学的であるよりも感覚的な文学」である、との既述の説を展開している。さらにこの日本文学を外国の文学と比較してみせる。思弁的傾向が強く形而上学的傾向を帯びる中国の漢詩、官能的肉体的描写に富むインドの抒情詩、酒と女と唄とその騒ぎのなかにあらわれる人生哲学をうたうペルシアの詩、独特の心理学を備え、感覚的であると同時に知的であるギリシアの詩というように。こうした日本文学（文化）の特徴は明治以前も以後も同様であって、明治維新によっても「断絶」はなく、その根本的特質は一貫している。既述の私小説はもちろんのこと、漱石、茂吉、藤村、芥川、大岡昇平にいたるまで、その微妙で繊細な自然感情によって、諸外国の文学から際立っているとするのである。

それでは以上のような文学芸術の表現の背後にあるものは何か。それが第二の「意識一般」＝宗教的背景の問題である。加藤のこの論文は、そうした文学的・芸術的表現の背後にある宗教に論究するのである。そしてそれを、「仏教渡来以前の原始宗教世界」として「自然宗教」があるとする。この時点で加藤は「自然宗教」とは何かを述べていないが、この原始的な自然宗教の特徴こそ、日常の感覚的経験的な世界、すなわち「タンジブル」な世界が唯一の究極の実在であり真実であるという、超越的・彼岸的な実在を信じない「超越的な構造の欠如」という点にあった。仏教渡来以降、超越的な宗教が入ってきても、変わったのは逆に仏教などの超越的宗教の方であり、日本人の非超越的な宗教を結局は変革することはできなかったとするのである。

こうした自然宗教という背景の下では、芸術においても、日本では、日常生活を超越し日常生活とは異なる美という独立した世界は想定されず、美の世界もまた日常的世界の延長にすぎず、その意味で芸術は純粋芸術ではなくて日常的な生活の美化に帰結する。超越的契機を含まず直接に感覚とむすびつく「日本的」意識のもとでは、工芸的美術の発達が日本の美術の一つの特徴となり、装飾的傾向が必然的に伴うものとなるのもうなずけるのである。「世界文学から見た日本文学」(「果たして「断絶」はあるか」)論文を長く紹介してきたが、それは加藤が後に『著作集』の中でこの論文に「追記」したように、その「趣旨はその後、私がさまざまの形で発展させた考え方の大すじを要約している」からである。

日本的精神の根底にあるこうした自然宗教の特質(「超越的構造の欠如」)については、その後の一九五七年三月の『中央公論』誌上の「近代日本の文明的位置」(『自選集』2)、一九五七年十月の『知性』誌上の「日本的なもの」(『日本人とは何か』所収)、一九五八年六月の『講座　現代倫理』第六巻に収録された「日本人とは何か」(『日本人とは何か』所収)といった論文で繰り返し説かれる。(4)

自然宗教

それではこの原始的な「自然宗教」とは何か。加藤は前述の「近代日本の文明的位置」論文において、「日本の大衆の意識の構造を決定した歴史的要因は、明らかに超越的一神教とは全くちがうもの」であり、「結論だけを簡単にいえば、仏教以前の神道的世界には、全く超越的な構造がなかったといえるだろう（神道はある点ではシャーマニズム、ある点ではアニミズム、ある点では一種の多神教のようにみえる）」と記す。また「日本人とは何か」論文でも神道の源流である自然宗教として、シャーマニズム、アニミズム、多神教を挙げる。さらに少し時期は飛ぶが、一九六〇年七月の『日本文化研究』（第八巻）に発表された、「親鸞―十三世紀思想の一面―」（『自選集』3）で「記録された神話・伝説、または祝詞の類によって、アニミズム、祖霊崇拝、シャーマニズムの特徴がそれぞれ指摘される」と記す。以上のように加藤は、原始的な「自然宗教」をアニミズム、祖先崇拝、シャーマニズム、多神教としており、以後彼の論考はこれらを繰り返し述べることになる。

日本の独自の宗教といわれる「神道」とは、基本的にはアニミズム、祖先崇拝、シャーマニズムであり（その意味では決して日本の「固有信仰」ではない）、後に仏教・儒教・道教、さらにはキリスト教の影響をさえ受け、用語の借用を含めて、理論・儀礼・神官・造形・建築などの様式を整えたものと、加藤は見ているのである（『日本文学史序説（上）』および『日本　その心とかたち』）。こうした加藤の神道理解は、他の論者の中にも見られるところであるが、梅原猛は、神道のみならず日本の仏教までもアニミズムであると見る。彼は「アニミズム再考」で、「日本の神道や仏教はアニミズムの原理によっている」、あるいは「日本の宗教は、神道はもちろん仏教すらアニミズムの段階にとどまっている」とまで見るのである。道教ないし老荘思想、仏教、儒教、さらにはキリスト教の影響を差し引いて日本の「神道」の源流を求めれば、アニミズムしか残らないのであり、日本に受容された仏教さえ、アニミズムの方向に変容したということである。

加藤は、アニミズム、祖先崇拝、シャーマニズムを並列的に列挙しているが、祖先崇拝もシャーマニズムもアニミズムを前提としていると言ってよい。アニミズムとは、周知のように「人類学の父」と呼ばれるE・B・タイラーがその著『原始文化』で最初に定義して以来、広く定着した概念である。それは、生物・無生物を問わず自然のあらゆるもののなかに霊的なもの（アニマ）が宿っている、つまりはあらゆるものは人間と同様に霊魂を持つとする観念であり、またその「霊的存在（アニマ）への信仰」を言う。この信仰は宗教の最小限度の定義であるとする。なお加藤は触れていないが、この始原的な自然宗教に、R・R・マレットが提唱したプレ・アニミズムとしてのマナイズムを含めるべきであろう。マナイズムとは、ポリネシアやメラネシアに見られる「マナ」という非人格的な霊的生命力への信仰であり、それは、万物に内在する「アニマ」に外部から生命を吹き込む、より根源的な力であり、マナイズムとはそうした根源的力に対する信仰である。しかし以後、本書では両者をことさら区別せず、強引ではあるが、「マナ」および「アニマ」に対する信仰をアニミズムの一語で表記して議論を進めていく。

これに対して祖先崇拝とは、様々な「霊的存在」のなかでも、祖先の霊に特化して、その霊のみを信仰するものであり、アニミズムという観念を前提としている。またシャーマニズムについても、シャーマン（巫者）とは「霊的存在」と直接的な関係を持つことができる者であり、彼が、トランス状態に入って、「霊的存在」と直接接触し、様々な作用を呼び起こすために行なう儀礼や信仰をシャーマニズムという。佐々木宏幹が言うように（「民俗信仰の諸相――「アニミズム文化」との関連において」）、「〝霊的諸存在への信仰〟であるアニミズムは、〝霊的諸存在と直接交流できる人物（シャーマン）を中心とする宗教形態〟であるシャーマニズムとまさに表裏一体の関係」なのである。以上のように祖先崇拝においてもシャーマニズムにおいても、アニミズムの「霊的存在」であるアニマの観念が前提となっている。

加藤は、朝日新聞連載「山中人閒話」の「日本歴史の七不思議」（一九八二年五月）の中で、日本では「「アニミズム」は外来の組織的な宗教・イデオロギー体系に抵抗して、何故今日まで生き続けたのか」という「不思議」を「七不思議」の一つとして挙げている。また一九八五年六月に『平凡社大百科事典』の項目として発表された「日本」（『著作集』23）にも、「アニミズムと関連して成立した日本の世界観は、仏教及び儒教の影響の下でも、なお生き延びて今日に及ぶ」と説く。

アニミズムという観念・信仰が今日まで続く日本の精神構造の深層に存在しているという考えは、多くの宗教学者や文化人類学者が説くところであり、また個別の分野においても、例えば美術史において、諏訪春雄の『日本人と遠近法』や辻惟雄の『あそぶ神仏　江戸の宗教美術とアニミズム』、『日本美術の歴史』のように、日本美術の根底にアニミズムがあることが主張されている。以上にとどまらず、日本人の心性の深層にアニミズムがあるという考え方は、一部に異論があるとはいえ（例えば末木文美士『日本宗教史』）、現在では広く受け入れられていると言えよう。

世界観における宗教の基底性

ともあれ、自然宗教が日本の世界観の性格を規定していると加藤は見るわけだが、加藤は、一般に宗教こそが世界観を規定する要因であるという認識を持っていたことは、「親鸞――十三世紀思想の一面――」という論文の中で「宗教形態が必然的に決定した世界観」と記述していることに伺える。

宗教学者の岸本英夫によれば、そもそも宗教とは、その機能上の定義からして「人間生活の究極的な意味を明らかにし、人間の問題の究極的な解決」にかかわるものであるとするが（岸本英夫『宗教学』）、まさに宗教とは、世界と人生の究極的な意味を提示するという世界観の根底をなすものと言ってよいだろう。

加藤自身も、『朝日新聞』連載の「夕陽妄語」（二〇〇〇年九月二六日付）の「理性の復権」（『自選集10』）の中で、物理学者リチャード・ファインマンの「科学と宗教の関係」を援用しながら、宗教の三つの面として、第一に、神とは何か、人間とは何か、世界の構造はどのようなものか、に関わる「形而上学的な面」、第二に、何をなすべきか、人の行為の善悪如何という「倫理的な面」、第三に、人を実行に向かわせる「行動を起こさせる面」を明示している。さらに加藤の最晩年である二〇〇七年の「誰でも読む一冊の本」という小論（『一冊の本』、後に『自選集』10に収録）の中で、一国民に大きな影響を与える「一冊の本」として、儒教の『論語』、キリスト教の『聖書』、イスラム教の『コーラン』を取り上げ、そうしたものに表わされた宗教文化（必ずしも信者ではなくとも）が、世界観や価値観の「基礎」または「中心」であったことを説いている（一国民に大きな影響を与える「一冊の本」として宗教書以外にも、英国民に対するシェークスピアの本なども挙げているが）。本来ならここに仏教の経典も取り上げられるべきであったが、その経典の数はあまりに多く、「一冊の本」とはならなかったからであろう。

ともあれ日本の世界観は、加藤の主張のとおり、その根底にはアニミズムという「自然宗教」があり、それによって規定されていたと言うことができよう。「日本人の精神構造は、まず非超越的な原始宗教を背景として成立した」（「日本人とは何か」）と加藤は解していたのである。

世界観における〈価値〉の性格

加藤はこれまで世界観のⅠ〈射程〉の側面に焦点を絞ってきたが、世界観のⅣ〈価値〉の側面についても、これまでの論考でも散見されたとはいえ、本格的に論究したのが、一九五九年九月に『近代日本思想史講座　第四巻　知識人の生成と役割』に発表された「戦争と知識人」（『自選集』２）である。昭和の十五年戦争に対しては、多くの知識人が積極的ではないけれども、多かれ少なかれ進んで協力した。知識人のそうした戦争協力の根底にある精神構造を探究しようとしたのがこの論文である。悲惨で「愚劣な」戦争を引き起こした日本人の精神構造とは何かという問題意識は、丸山眞男をはじめとする戦後の多くの知識人が共有したものであり、加藤にとっても彼の「日本文化論」のみならず、彼のすべての活動の最も根本的な出発点であったと言えよう。

加藤の結論は、知識人を含む日本人の精神構造における、歴史や戦争に押し流されない普遍的価値の欠如にあるとする。普遍的価値を持つ外来思想は日本人の内面的な価値とはならなかったのである。第一に戦争やファシズムの「非人間性」に対抗する倫理的価値（善）、第二に芸術体験に基礎づけられた美的価値（美）、第三に科学的思考の厳密さが保証する真実の価値（真）といった国家を超える普遍的価値、国家の上に立ち国家の善悪を判断する基準となるような形而上学的・超越的な価値、そうした普遍的価値の欠如にこそ、加藤は、日本の知識人の戦争協力という事実の根本的な原因を求めたのである。

対して日本人の精神構造における価値とは、自らが所属する具体的な集団（集団一般ではなく自己の属する特殊な集団）と、その中での実用的な「生活」、さらには集団の延長としての国家（国家一般ではなく特殊日本という国家）に向けられたのであり、それらは普遍的な価値ではなく、地域的、実用的、特殊的な価値であった。

それは、既述の〈超越的ではなく日常的〉である世界観の〈射程〉の必然的帰結であり、タンジブルな世界では、実生活とかけ離れた普遍的思想は定着せず、日常生活の実際の便宜を超越する真・善・美というような普遍的価値をつくりだすにいたらなかったのである。「それこそ知識人の戦争協力という事実の内側の構造であった」。

日本人の精神構造における「普遍的価値の欠如」は、日本人としての「自己そのもの」の有・無の問題としても現れる。そのことについて記したのが、少し後にではあるが、一九六六年の『展望』誌上の「竹内好の批評装置」（『自選集』3）である。そこでは、近代初頭の西洋文明との出会いに対して、日本と中国の対応の違いが考察されているが、中国の精神構造においては、普遍的な価値を持つがゆえに「自己そのもの」があり、したがって「自己を保持したい欲求」があり、自己に固執し西洋文明に抵抗し、絶望的に戦ったのに対して、日本の精神構造では、普遍的価値を持たないがゆえに「自己そのもの」がなく、したがって「自己を保持したい欲求」がなく、自己に固執せずに西洋文明を必要に応じて受け入れたのであり、それが明治維新以後の日本の近代化の「成功」の背景だとする議論が展開されている。普遍的価値が欠如する日本では、後に触れる丸山眞男流に言えば、新しいものを次から次へ受け入れていくこと自体が、すでに伝統と化しているのである。

以上のように世界観のⅣ〈価値〉の性格においては、〈普遍性―特殊性〉、〈普遍性―地域性〉、〈普遍性―実用性〉を軸として、日本の世界観は〈普遍的ではなく特殊的ないしは地域的、実用的〉と特徴づけられるのである。

キリスト教はなぜ日本で広く受け入れられないのか

古代から近代にいたるまで超越的・普遍的世界観を持つ外来宗教が日本に入ってこようとも、日本の非超越的・非普遍的な世界観を変えることはできなかった。そのことを、最も超越的・普遍的世界観を持ったキリスト教を持ち出して明瞭に示した加藤の一文が、一九六〇年六月二六日号の『朝日ジャーナル』誌上の「余は如何にして基督教徒とならざりしか」（連載名「東京日記―外国の友へ」の連載の一つ、『自選集』3に収録）である。「余は如何にして基督教徒となりしか」は内村鑑三個人の問題であるのに対して、「余は如何にして基督教徒とならざりしか」は、加藤周一個人の問題ではなく、日本の国民と文化の問題であるとする。加藤は一九五五年までの文部省『宗教年鑑』の統計によって、「日本ではキリスト教が0・5パーセント以上に普及しない」という事実を持ち出しながら、キリスト教はなぜ日本で広く受け入れられないのかという問題を、根本的な世界観の問題として解釈しようとしたのである。後に主著『日本文学史序説』で述べているように、一六世紀には殉教者さえ数多く出したカトリシズムの普及や明治維新期の内村鑑三など多くの知識人が受容したプロテスタンティズムの普及があるとはいえ、それらはその時代の日本の中核的思潮ないし支配的思想には決してなりえなかった。

加藤によれば、「仏教史の全体からひきだされる結論は、宗教を媒介とする超越的な世界観に、日本の精神がおどろくべき一貫性をもって抵抗してきたということである」として、仏教は受容されたが、それは、超越的・普遍的な本来の仏教ではなく、非超越化され、日本化された仏教であったとする。

神の超越性・普遍性の強調において、仏教よりもはるかに妥協の余地のない宗教であるキリスト教は、日本ではその超越性・普遍性に対する歴史的な抵抗がなおいっそう強固なものとならざるを得ず、従って日本にキリスト教が広範に受容されることがなかったと結論を下すのである。

鎌倉仏教という問題

それでは日本には本当に超越的・普遍的な思想は全くなかったのか、あるいはあったとすればどうなったのか、という問題が残る。それが、鎌倉仏教という次のテーマである。加藤はこの問題に対する答えを、一九六〇年七月に『日本文化研究』（第八巻）の「親鸞――十三世紀思想の一面――」（『自選集』3）において記す。

そこでは、まず鎌倉以前の古代仏教が、非超越化され、日本化された仏教であることの確認から始める。加藤にとって古代仏教の性格とは、その一例として寺院の本尊に薬師如来が多い事例を取り上げ、古代仏教は病気治癒に代表される現世利益を求める呪術性が強いものであり、日本化された仏教は原始的自然宗教と融合した呪術的・現世的なものであって、キリスト教とは異なり、日本で仏教が広く受容されたのは、本来の仏教の宗教的超越性・普遍性を排し、国家鎮護、降雨招来、病気治療、大衆教育といった「現世利益」を強調することによってであった、とするのである。

もちろん彼岸を希求する浄土教は既に平安時代において特に貴族層に普及した。この世を厭い（厭離穢土）、死後西方浄土に往くことを願って（欣求浄土）、その願いを実現するために阿弥陀仏に頼る浄土思想は、阿弥陀仏の超越性を強調するものであり、本来、土着思想とは対照的であった。しかし加藤によれば、当時の貴族社会はこの浄土思想をそのまま受け入れたのではなく、この世を愛するあまり、西方浄土をこの世にまで延長し、この世に浄土を求めたのであり、平安時代においては、浄土思想においてさえ、その宗教的超越性・普遍性を排して「現世利益」を強調したのである（『日本文学史

(上)』)。その意味では、鎌倉仏教以前の仏教とは、「彼岸」における魂の仏教的「救済」ではなく、「此岸」における仏教の「効果」であった。

鎌倉以前の古代仏教が、現世利益を求める、非超越化され日本化された仏教であるのに対して、日本の大衆がはじめて仏教の超越的・普遍的な本質に触れたのが、浄土真宗、禅宗、日蓮宗といった鎌倉仏教であった。この十三世紀に日本思想史は、はじめて仏教的彼岸を通して超越的思想を生みだし、時代の中核的な思潮とまでなったのである。それは、自然宗教的背景のもとに発展してきた日本人の非超越的・非普遍的世界観そのものに対立したものであり、それ故にこの時期に逆に日本史上初めての宗教弾圧が起こったのだが、日本の世界観に大きな質的変革をもたらす可能性をもっていたとも言えよう。

それではなぜ、十三世紀以後において、「日本の思想の構造のなかから、超越的契機が失われていき、二度と再びその時ほど徹底した形であらわれることがなかった」のか、が問題となる。加藤は時代背景とは別に、親鸞の思想をもって、思想の内側からこのことを解釈する。

親鸞の『歎異抄』の中心問題は、彼岸への「往生」の問題であった。「往生」は、現世的なるものすべてに、人間の自然な感情にも、倫理的な価値体系にも、学問(知識)にも、国家権力にも超越する。「往生」のためには、ひたすら根拠なき信仰に基づく念仏だけが求められる。加藤は、この現世的なるものの全否定において、逆に親鸞思想、のみならず鎌倉仏教一般に内在する問題性を見る。というのは、人は生きている限り、すべては現世のなかでその営為を行なわなければならず、したがって親鸞といえども「往生」の問題だけではなく、現世の問題にも答えなければならないはずである。現世を否定した後に、現世の社会で別種の新しい価値の秩序（特に善悪の概念）を新たに打ち立てる論理を伴わないかぎり、この社会において指導的な思想とはなり得ない。

親鸞の「否定の論理」は鋭かったが、「肯定の論理」、すなわち現世という人間の世界の論理はほとんど欠如していたのであり、それ故に現世の根本的構造は変革されなかったのである。鎌倉仏教は、現世を否定した後に、現世内で別種の新しい価値の秩序を新たに打ち立てる論理（社会変革のためのイデオロギー）を伴わなかった。そのため現実の社会において指導的な思想や内面的な倫理とはなりえず、現世の根本的構造は変革されなかった、と結論づけるのである。

この点で加藤は、現世における新しい価値体系を生み出し、資本主義社会の形成に大きな役割を果たした西洋のプロテスタンティズムと鎌倉仏教とは対照的であるとする。というよりはむしろこの加藤の論は、M・ウェーバーのプロテスタンティズムに関する周知の論（『プロテスタンティズムの倫理と資本主義の精神』）を基準にしながら、鎌倉仏教を解釈したものと言うことができよう。ともあれ十三世紀以降、日本思想史上に、再び超越的・普遍的思想が現れなかった最も深い理由がここにあると、加藤は結論づけるのである。「確実なことは、十三世紀仏教が超越的な思想をはじめて決定的に日本の思想史に導入したということ、しかしそれは非超越的な自然宗教的背景のもとに形成された日本人の精神構造をその時以来、根本的につくりかえるというところまではゆかなかったということである」、と。

この鎌倉仏教は、鎌倉時代よりはむしろ室町時代に社会に定着化していくが、その展開は実際の生活に適用されるように修正され、その後、江戸期の寺請制度という行政機関の一部（統治の道具）となるまでに、日本化されることになる。ここでも世界観のⅠ〈射程〉は、感覚的・経験的な日常生活の世界に限定され、世界観のⅣ〈価値〉は、その日常生活を越える普遍的な価値に及ぶことはなかったのである。

世界観における〈視点〉と〈思考〉

これまでの加藤による「土着世界観」の解釈は、Ⅰ〈射程〉の問題を中心とするものであり、次いでⅣ〈価値〉の問題にも論及されたが、以後、世界観におけるⅡ〈視点〉、Ⅲ〈思考〉の問題が加わってくる。一九六二年九月号の『文藝』に発表された「現代日本文学の状況―生活の芸術化と芸術の生活化―」（『自選集』3）では、正宗白鳥を取り上げ、正宗の著す「私小説」の世界の基本的な構造を説く。私小説とは、既にみたように、文学の世界を徹底して日常的な経験的な世界に限定し、そこに唯一の現実を見て、すべての超越的な世界と普遍的な価値からきり離してしまうものであった。それは以下の特質をもつと加藤は説く。

①「論理性の欠如」

個別的な事実の観察をいくら積み重ねても、事実と事実の関係の認識に到らないのであり、その関係を見出すためには論理が必要であるが、私小説はその論理を欠く。

②「価値観の排除」

事実の観察だけでは、その事実の意味が生じないのであり、意味が生じるためには価値観がなければならないが、私小説はその価値観を排除している。

③「断片的性格」

私小説が取り扱うのは、互いに関連のない事実の集まりだけであり、全体的な世界の構造の理解には到らない。[5]

正宗白鳥の私小説の特徴のうち、②の「価値観の排除」については世界観におけるⅣ〈価値〉の性格に係り、この点については既に述べたように、普遍的な価値がなければ、個々の事象に対する価値づけができない、という「価値観の排除」につながる。

①の「論理性の欠如」については、日常的に経験するモノやコトに即した具体的な思考をするのか、個々の事物を関連付けて包括的な思考をするのか、という世界観のⅢ〈思考〉の性格に焦点を当てたものであり、包括的な思考が可能なのは、多様な個々の事物を抽象化せざるを得ず、また論理的・理論的に思考せざるを得ない。その点では世界観におけるⅢ〈思考〉の性格とは、〈抽象性―具体性〉、〈論理性―感覚性〉、〈理論性―実際性〉を軸として、私小説というこの徹底した「タンジブル」な「日常性」の世界におけるⅢ〈思考〉の性格は、〈抽象的ではなく具体的〉〈論理的ではなく感覚的〉〈理論的ではなく実際的〉な性格を帯びていると特徴づけられる。

図表３　「土着世界観」の性格

Ⅰ〈射程〉（認識する世界の範囲）
〈超越的ではなく日常的〉
〈彼岸的ではなく此岸的〉

Ⅱ〈視点〉（世界認識における重視する視点）
〈全体的ではなく部分的〉
〈包括的ではなく個別的〉
〈体系的ではなく断片的〉

Ⅲ〈思考〉（思考の性格、思考様式）
〈抽象的ではなく具体的〉
〈論理的ではなく感覚的〉
〈理論的ではなく実際的〉

Ⅳ〈価値〉（価値観、倫理や規範の性格）
〈普遍的ではなく特殊的〉
〈普遍的ではなく地域的〉
〈普遍的ではなく実用的〉

出典：筆者作成

③「断片的性格」については、世界観におけるⅡ〈視点〉に係る。つまり何に注目するのか、どこに関心を持つのか、視点の重点はどこにあるのか、という問題であり、経験する個々のモノやコトそのものに重点を置くのか、それら個々の事物を包括する全体を見ることに重点を置くのか、という点である。それは〈全体性―部分性〉、〈包括性―個別性〉、〈体系性―断片性〉という軸と係り、私小説の世界観のⅡ〈視点〉は、〈全体的ではなく部分的〉〈包括的ではなく個別的〉〈体系的ではなく断片的〉なものに重点を置くものであると特徴づけられる⑥。

いかなる普遍的価値にもとらわれず、超越的な思想から離れて、人生の個別の断片的諸事実を観察し、直視し、なまなましく描き出す私小説のこの世界は、加藤によれば、平安朝の物語から、中世の狂言、江戸期の町人文学を経て、明治以後の私小説に到るまで、根本的には少しも変らぬ一つの世界が続いてきたとするのである。

こうして加藤は、一九六〇年代前半の時期に、文学に表れた「土着世界観」の性格に関して、一定の結論に達していたと言えよう。筆者の整理に従って、これまでの結論をまとめたものが図表3である。

それらは「タンジブル（直接接触）」な世界の射程であり、視点であり、思考であり、価値であった。加藤に従えば、これが日本の「土着世界観」の基本的な性格だったのである。

なお、ここで一言断っておきたいのは、この世界観の性格が、日本独特の「個性的なもの」、「日本的なもの」なのかどうかという点である。従来の「日本文化論」に従えば、このタンジブルな「土着世界観」そのものを日本独自の「日本的なもの」と考えるであろうが、必ずしもそうではないと考えるのが本書の立場である。もう一点は、この「土着世界観」と逆の「超越的・全体的・抽象的・普遍的」な世界観は、ポスト・モダンによって批判された西洋近代に特有な世界観であると思われがちであるが、さしあたっては一方向に向かう進歩主義、自我ないし主体中心主義、人間解放などといった啓蒙の理念に基づく近代主義を含んでいるのではないという点で、西洋近代にのみ特有なものではない。この点については第五章で取り上げたい。

2　芸術の諸領域へ

「『源氏物語絵巻』について」「日本の美学」「宗達私見」

以後、加藤の議論は、文学だけでなく、これまでも散見されたとはいえ美術の領域にも本格的に及んでいく。一九六五年一月、『東京新聞』に「『源氏物語絵巻』について」（原題「日本文化の基本構造」『自選集』3に収録）を、一九六七年九月、『芸術論集』に「仏像の様式」（『自選集』4）を、同じく十一月には『世界』に「日本の美学」（『自選集』4）、一九六八年七月の『毎日新聞』夕刊誌上に「宗達私見」（原題は「俵屋宗達」、『自選集』4に収録）を著す。

美術の領域については、既述のように、「雑種的日本文化の課題」論文の後半部に、日本美術史を貫く特徴として、①「一種の装飾主義」、②「細かい写実主義」があるという認識を加藤が持っていたが、その時点での認識は、当時の通説的なものであり、必ずしも加藤の独自の認識ではなかった。以後、加藤は彼自身の日本美術論を展開していく。

大陸からの影響が強い平安時代初期までの仏像彫刻を中心とする美術に対して、平安中期頃から日本的な美術として成立してきたものが絵巻物を中心とする大和絵であった。大和絵は、辻惟雄が『日本美術の歴史』で「日本美術の独創性は院政時代・一二世紀の絵巻物（絵巻）においてもっともよく発揮されている」と記すように、平安後期の院政時代に絵巻物の傑作を生み出す。その中でも最も優れたものと加藤が見たのが、『源氏物語絵巻』である。

加藤の初めての本格的な日本美術論である「『源氏物語絵巻』について」、およびその後の「日本の美学」という二つの論文で、彼は、従来から『源氏物語絵巻』の特徴と指摘されてきた「吹抜屋台」（屋内の描写で、屋根・天井を省き、斜め上方から俯瞰するように描く技法）や「引目鉤鼻」（一筆の細長い線で目を描き、鼻は「く」の字状の鉤形であらわす人物の顔面描写の技法）といった点を踏まえながらも、以下の二つの特質的な要素を見る。

第一の要素は画面の構成（構図）にかかわる。「典型的な画面は、左下から右上に向って走る多くの平行線によって分割され、さらにその細長い空間を、何本かの垂直線によって細分されている。その分割の仕方に、微妙で実にいうべからざる味がある」とする。そこでの人物という要素は、「引目鉤鼻」という、極度に様式化されて全く個性のない人物の顔の描き方ではあるが、人物の姿勢や顔つきという要素そのものよりも、要素間の空間的関係の美的洗練が極点に達し、空間に対する感受性の繊細さあるいは洗練が現われているとして、空間構造に対するこの「一種の感覚」、すなわち空間の構造に対する無限の敏感さを評価するのである。それは、部分を単純化し、複雑な対象を簡単な要素に還元しながら、その間の関係だけを生かそうとしたモンドリアンの抽象絵画に極めて近いとまで評する。もっともあらゆる細部を消し去ったモンドリアンの抽象画との違いはあるにしても。『源氏物語絵巻』の画面構成は〈抽象絵画の原則〉に基づくものと加藤は評価するのである。

第二の要素は手法に関わる。第一の要素と矛盾するように思われるが、その手法は、細かい部分を正確に描き分ける「細密画の手法」を採り、遠くから見るとわからないような部分をも細かく綿密に描いているとする。その点で『源氏物語絵巻』の手法は〈細密画の原則〉に基づくものと加藤は見たのである。

この『源氏物語絵巻』にみる①〈抽象絵画の原則〉は、この時点で加藤があらたに主張した日本美術の特質であり、②〈細密画の原則〉は、既述の「細部の写実主義」を踏襲したものである。日本美術の抽象性については、例えば三井秀樹が『かたちの日本美　和のデザイン学』の中で、唐草紋様等を例にとりながら、見たものをそのまま忠実に再現する写実（リアリズム）ではなく、その形を単純化し象徴化した形で表現する「幾何学的抽象化」、つまりは「限界ぎりぎりまで抽象化された品格のある様式美」が、日本美術の特質である、と強調していることに通じるものであろう。本来、抽象画の原則と細密画の原則は矛盾するものであるが、加藤にあっては、その両方の特質が、『源氏物語絵巻』において徹底しているという独特の特徴を主張したのであり、それは、中国にも、西洋にも、イスラムにも、世界中にほとんどないものであり、日本人の作ったものの中で、もっとも独創的な絵画の一つと評価するのである。

この点について専門家ではない私は評価を差し控えるが、加藤の友人である哲学者の矢内原伊作の批評をつけ加えておきたい。それは、『加藤周一著作集』第11巻附録の「月報」で「加藤周一の勇み足」と題する小文の以下のように述べている箇所である。「直線による空間の抽象的な構成と、部分の細密な描写との共存、これははたして『源氏物語絵巻』だけの、あるいは日本的美学だけの特性だろうか。垂直と水平の美しい抽象的構成をもち、細部に見事な浮彫をもつパルテノン神殿は右の二つの要素の共存を示してはいないのか。必要なことは、『源氏物語絵巻』にこの二要素の共存が見られることを指摘することではなく、この共存が、パルテノン神殿における共存とどういう風に異なっているかを明らかにすることである」と。

加藤はその後の論述で、以後の日本美学は、『源氏物語絵巻』における「抽象的な画面構成」というこの第一の特質が一方では、一種の「形式主義」的な停滞が生じたことを論じている。住宅の構造、庭園、絵画（水墨画の竹や梅）等々、一度固定されると、そのまま同じ形が維持される、つまりは「抽象的な形が固定し、繰り返され、墨守され、ほとんど独創性を妨げるように働いて、形式主義的停滞が生ずる」と言うのである。しかし他方において、「空間区分の微妙な感受性」は依然として受け継がれ、その感受性が、例えば琳派の優れた作品のように「空間の抽象的処理」（対象の性質よりも対象の位置関係のみを強調する）を引き出すのである、と評価する。

他方、第二の特質である「細部への関心」については、その後も日本の芸術のあらゆるところに強くあらわれるとする。根付、刀のつばの装飾、茶碗の表面の色合いと手触り、硯箱のような日用品の細かい部分など、個別的な細事に対する関心が異常に強く、全体から引き離された小さな部分そのものが、全体とは独立した関心の対象となっている点であった。他面、そうした細事への執着から「感覚がとぎすまされて、古今未曽有の芸術が発展する」ことにもなる。

以上の「抽象化」と「細部への関心」が以後の日本美術に脈々と流れているとする。宗達や光琳の琳派の絵画、例えば光琳の『紅白梅図屏風』にあらわれた、極度に「様式化（＝抽象化、他方で形式化）」の手法による画面の真ん中の水の描き方と、「細密画の手法」による梅の細かい描き方とが、総合調和的に受け継がれており、同様なことが、江戸期の木版画（浮世絵）や桂離宮の踏石の配置等にも妥当するとするのである。

以上のような「形式主義に行くような抽象的な面」も「細部への関心」も、加藤は、伝統的な「土着世界観」から説明することができるとする。つまり日本の日常的・感覚的（＝「タンジブル」）な世界観における「物事の普遍性より特殊性に注目する傾向」と「一種の実際主義、日常生活の実際を重視する傾向」とが、美学の上では、「細部への関心」と「空間区分の微妙な感受性」となってあらわれる、と説くのである。

一九六八年七月の『毎日新聞』誌上の「宗達私見」では、宗達から光琳へと受け継がれていく琳派において、細密画と抽象画の手法を一つの画面の中に統一し、一体化して、完璧な調和に到達したとして、先の主張が繰り返されるのである。

外来思想の「日本化」の内実

翌年の一九六九年三月、加藤は『岩波講座　哲学　14　芸術』に著した「日本における芸術思想の展開」（『自選集』4）をはじめとして、それまでの文学と美術中心の論述を芸術各分野、すなわち演劇、音楽、建築等へと拡大させていく。

その前に注目されるのは、この論文の冒頭において、以前に触れた外来思想の「日本化」の内実をさらに展開している点である。つまり非超越的な日本の世界観（「神道的世界観」）が、超越的世界観を持つ外来思想と出会うとき、日本の世界観がその影響を受けて変容するのではなく、変容するのは常に外来思想の方であった（外来思想の「日本化」）ことを詳論しているのである。

外来思想である仏教は、本来彼岸的・超越的なものであったが、此岸的な面が世俗化して超越性を失い、神道と妥協して本地垂迹説となる。また儒教はその形而上学的側面が捨象され、宋学（朱子学）の中心である「理気」説においても、白石は「理」を捨て、徂徠は「理」「気」共にとるに足らずとして、具体的な実践的倫理と政治経済学と詩文とに分割されて非体系化される。仏教や儒教（宋学）を「日本化」した力は同じものであり、それは、世界を「今・ここ」において実践的および感覚的（＝タンジブル）に捉え、日常的現実を越えるものを拒否する非超越的な世界観であった、とするのである。この点は後に時間と空間の問題として展開される加藤の「今＝ここ」の世界観論の嚆矢である。

総じて日本の芸術において、芸術家が強調したのは、「日常的此処（「今＝ここ」）」、つまりは現在の心境、気分、感覚的印象、たとえば「余情」や「幽玄」の趣などの大切さであり、「その世界が、普遍性よりも特殊性を強調」し、「その関心は、抽象的な全体よりも、具体的な部分」にあり、その作品は、「知的・構造的であるよりも、感覚的に微妙であり、その理論は、法則よりも、語彙に係り、文章法的であるより、意味論的である」と、加藤は結論づける。

以上のことを私の整理した枠組みによってまとめれば、超越的・普遍的な外来思想は、

Ⅰ〈射程〉における〈超越性から日常性へ〉
Ⅱ〈視点〉における〈全体性から部分性へ〉
Ⅲ〈思考〉における〈抽象性から具体性へ〉
Ⅳ〈価値〉における〈普遍性から特殊性へ〉

というように変容されるのである。これが加藤の説く「日本化」の内実であった。

時間芸術――演劇と音楽

次に加藤は、時間芸術の典型としての演劇と音楽、空間芸術の典型としての建築を取り上げる。演劇については、加藤は以下のように説く。日本の演劇で関心が集中するところは、演劇（芝居）そのものの構造（役者の誰が演じても同じ構造）ではなく、ある日、ある時の決して繰り返されることのない「所作の磨き上げ」であり、従って役者の重要性であった。西洋的・インド的な演劇理論とは異なり、全体としての演劇の構造ではなく、部分としての役者の演技であり、その演劇論も、日本の演劇が抽象的でなく具体的であり、普遍性よりも特殊性を強調するものになる。かつての日本の演劇理論である能楽論、狂言論、歌舞伎論の大部分が、劇の構造に関する議論ではなく、役者の芸談であった。補足ながら、かなり後に同様のことをより詳細に説いたのが、一九八七年四月号の『文学』誌上での「歌舞伎雑談」（『自選集』8）である。そこでは、上演回数が多いという意味での「三大歌舞伎劇」、すなわち『仮名手本忠臣蔵』、『義経千本桜』、『菅原伝授手習鑑』の性格について、それらは緊密に構成された劇ではなく、全体のすじとの関係が極めて薄い多くの場面を並列したものであり（「無構造寄木細工」）、重点は、話の全体にも、場面相互の内容的な関連にもなく、場面転換の効果とそれぞれの場面の情緒の密度にある（「演劇的昂揚の分散並列方式」）としている。

さらに加藤は、歌舞伎をシェークスピア劇と対照してみせる。歌舞伎の特徴とは、第一に、シェークスピア劇と較べれば、「無構造寄木細工」として右に述べたように全体の構成が極めて弱い点である。第二に、シェークスピア劇が人物の個性の多様性を特徴とするのに対して、歌舞伎は個性の劇ではなく、人物の個性の代わりに類型化された人物相互の関係によって情緒の濃密さをつくり出すものである。第三に、シェークスピア劇とは異なり、歌舞伎の人物が公衆に訴えることは、ほとんど全くない。第四に、科白の内容は、「状況の説明か、感情の表現であり」、シェークスピア劇のように科白が議論であり、あるいは知的挑発であることはほとんどない。第五に、シェークスピア劇が複数の意味論的水準、例えば政治力学的意味、神話学的意味、心理的意味等をもつのに対して、歌舞伎は意味の多層性がなく、情緒の水準ですべてが展開している。

こうした加藤の主張は、演劇学者・河竹登志夫の優れた日本演劇論である『舞台の奥の日本――日本人の美意識』で述べた内容とおおむね一致する。河竹によれば、西洋の演劇とは、「ことばで論理的に訴えかける」ものであり、「西洋演劇の主流をなすのは、情感よりも…〈略〉…「劇的展開」を理屈で辿り、論理による解決を通じて満足を得るという、ドラマの系譜である」。他方、日本の演劇は、「見せ場聴かせ場」が重要であり、「結論からいえば、おおむね日本の場合、すくなくとも伝統的な芝居の満足感は、目と耳による官能の満足と、劇的な展開のプロセスおよびその結果から、生じる「情感」と「余剰」の享受によって、得られるのではないかとおもうが、どうだろうか」、あるいは「日本の芝居は各場ごとの見せ場聴かせ場で、たっぷりと目と耳をたのしませながら、理屈よりも情感をもって、観客にうったえかけるのである」として、後の加藤と同様な内容を説く。加藤は、この河竹の著書から大きな影響を受けたことも十分に考えられよう。

音楽についても、日本の音楽と対極にある西洋の音楽とが対照され、演劇と同様な結論が導き出される。西洋の音楽は「楽譜に書かれた作曲家の秩序」であって、その曲の全体的構造がまず重要であり、それに比べて演奏家の違いは重要ではない。曲の構造の普遍性が重要なのである。これに対して能の音楽から三味線のそれまで、日本音楽は楽譜に書くことができない演奏家の呼吸、各瞬間の音の性質、微妙な強弱と音色、また「間」の緊張感、瞬間の質的な充実が重要であり、つまりは「曲の建築的構造」に対して「バチの冴え」、つまりはあたえられた瞬間における音の性質、全体から独立した部分の洗練を重視する。演劇における役者の重要性に相当するのが、演奏家の重要性であり、演奏家の表現する音質の微妙複雑な特殊性、瞬間の質的な充実が重視される、とするのである。

空間芸術——建築

建築については、日本とは最も対極にあるとする中国の建築と日本の建築との対比が取り上げられる。建築については「日本における芸術思想の展開」論文の後、『毎日新聞』の一九七二年一月十二日および十三日付夕刊に発表された「中国の屋根の反り」(『自選集』5)でより詳細に再論されているので、ここでは両論文をまとめて論じたい。

両論文では、日本建築とは好対照の中国建築にあらわれている特徴とは、

①「左右相称の徹底」

一般にどこの国においても、公的ないし儀礼的な建築に関しては、「左右均斉」な建築があるが、中国では公的な建築のみならず実用的な一般の住宅も、「左右均斉」の構造が徹底している。中国の建築はまさに左右相称的配置を根本的な原理としている。

②「全体の強調」＝「全体から部分へ」

中国建築のデザインでは、「左右相称」に見られるように、まず全体の構造が決定され、全体から出発し、それを細分化して部分に到るのであり、全体は部分の積み重ねではなく、部分より先に存在するという性格を持つ。

③「厚い塗装」

一般に中国の建築は、表面に派手な色を塗る。つまり建築の表面は、その材料の生地を貴ばず、材料の表面を厚く塗装する性格を持ち、材料の個別的な特徴を消し、色の普遍性を強調しているのである。

これに対して中国と好対照な日本の建築の著しい特徴として、

①「非相称性」

抽象的で理性的な秩序としての中国的な左右相称を避け、日本では自然の複雑な非相称性を尊重する。大名屋敷や城郭にさえ、非相称性が徹底されている。

②「部分の強調」＝「部分から全体へ」

建物全体の空間がまず決定され、全体を細分化して機能的に分化した小空間を作る中国の建築とは異なり、日本の建築では規格化された部分の積み重ねがおのずから全体を成す。後に加藤はこれを「部分主義」と呼ぶ。

③「生地の利用」

日本では、木材や白壁のように材料の生地を利用して表面に塗装しないのが原則であり、色の普遍性に対して材質の特殊性を尊重する傾向を持つ。

①②については建築史家たちの影響が見られる。例えば、推測ではあるが、井上充夫の優れた日本建築論である『日本建築の空間』を加藤は十分に参考にしたであろう。井上は、建築の内部空間については、とりわけ近世の建築に注目し、近世の文化は、日本歴史全体の中で最も日本的であったのであり、「近世の日本建築の特色は、とりもなおさず日本建築全体の特色を代表するものである」とする。左右非対称や不規則性という日本建築の特色が最も明瞭にあらわれたのは、近世の日本建築においてであるとして、近世日本の内部空間の性格を、西洋や中国の「幾何学的空間」に対して「行動的空間」と特徴づける。「幾何学的空間」とは、直交座標軸系（全体の配置が、南北に走る中心軸と、それらに対して直角に交わる直線群を基本として成り立つ）もしくは極座標軸（全体の配置が、中心から放射する

放射線群と、同様な同心円群を基本として成り立つ）にもとづいて組織された建築空間であり、それは、すべての要素は独立性をもたず、つねに軸や極に従属し、それらにもとづく座標によって支配されている、という重要な特徴をもつ。それは全体に対する「見晴らし」（プロスペクト）と「見通し」（ヴィスタ）が重要なのである。つまりそれは「つくられた町」に他ならない。

対して日本の「行動的空間」とは、全体の配置に軸も極もなく、基本的な原理はなく、各要素が次々に継ぎ足された空間であり、内部空間のつながりは、ジグザグ状に旋回し屈折しているところに特徴がある。そこには全体に対する「見晴らし」（プロスペクト）も「見通し」（ヴィスタ）はなく、現在いる場所の景観に注意が集中するように仕向けられ、「空間各部を経めぐりながら、つぎつぎに展開する光景を経時的に観照する」。つまりは一点に立って全体を見るのではなく、鑑賞者の行動が前提となっているのである。それは、「つくられた町」ではなく「できた町」である。繰り返していえば、日本建築の内部空間の特徴とは、「中国や西洋の建築にみられるような座標軸にしばられた幾何学的空間ではなく、人間の運動を前提とした流動的空間である。そこでは見晴らしや見通しよりも、進むにつれてつぎつぎと変化する空間の継続的な展開が追求される。このような効果をあげるためには、動線をわざと屈折させ、旋回させ、あるいは部分空間を細分化して、たえず視線を遮断する。従来からよく日本建築の特色とされる「左右非対称」や「自由な配置」も、この行動的空間の具体的なあらわれにすぎない」。

井上の日本建築の内部空間論に加藤は十分に依拠したことが伺われよう。

以上のように「空間の全体の抽象的な構造」を持つ中国の建築と、「空間の具体的な特殊性」を持つ日本の建築に見られるように、中国の文化は、自然に抗して人間の作りあげた人工的世界であり、自然に対して、包括的で合理的で体系的な秩序を作り出そうとする傾向が見られるとする。これに対して、日本の文化の枠組み（原理）は、体系化へ向かわず、抽象的合理性を好まず、抽象的な全体の文化ではなく具体的な部分の文化、理性の秩序ではなく人情の機微を重視する文化だとして、これまでの議論を敷衍するのである。しかもこの中国の文化は、「北京は一見京都に似て、実はマンハッタンに近い」のであり、「長安をつくった精神は、外見のちがいにも拘らず、おそらくロスアンジェルスをつくった精神から遠くないだろう」として、中国は西洋とも近く、ひとり日本の文化が独特であったと見なしているのである。

時間芸術としての演劇、音楽、空間芸術としての建築について、加藤は、劇の全体構造ではなく、部分としての所作の磨き上げと役者の重要性にその関心を集中する日本の演劇の性格を、また曲の構造の普遍性ではなく、音質の微妙複雑な特殊性を重視する日本の音楽の性格を、さらに左右相称的な空間や色の全体の抽象的な構造ではなく、相称を排して躯体的及び色彩的な特殊性を強調する日本の建築の性格を、それぞれ指摘することによって、いずれの分野においても、文学や美術と同じ「土着世界観」の性格を持つものと説く。日本の演劇においても、音楽においても、建築においても、その基本的性格は、

〈超越的ではなく日常的〉であり（Ⅰ〈射程〉）、
〈全体的・包括的・体系的ではなく部分的・個別的〉であり（Ⅱ〈視点〉）、
〈抽象的・理論的ではなく具体的・感覚的〉であり（Ⅲ〈思考〉）、
〈普遍的ではなく特殊的〉であった（Ⅳ〈価値〉）。

つまるところ日本の伝統的な芸術の世界は、時間と空間との交わるところ、「今・ここ」において、その特殊性において、成り立っているとするのである。

茶の湯

以上のような個々の芸術ジャンルだけではなく、それらを総合した芸術として加藤が注目したのが「茶の湯」である。それは、造園・建築・水墨画・陶芸・生花・和歌の諸芸全体からなり、庭の泉水の響き、鶯の声、屋根に落ちる時雨の音、カネの音等への注目からすれば、そこには音楽さえも含まれる、最も「日本的」な総合芸術だと見なしたのでる。茶の湯については「日本における芸術思想の展開」論文の前の一九六三年十月に、「茶の美学―二つの仮説―」（『図説　茶道体系　第一巻　茶の美学』収録、『自選集』3に収録）でより詳細に展開されているので、ここでは両論文をまとめて論じたい[7]。

既述のように日本の芸術、あるいはより一般的に日本の文化は、実生活と離れたいかなる抽象的・体系的原理とはかかわらない。仏教がもたらした芸術といえども、日本では仏教の原理や体系とかかわりのない芸術として発展し、儒教によってもたらされた詩文といえども、儒教の原理や体系から分離されて発展する。「茶の湯」は様々なジャンルの芸術を総合するものではあるが、その総合の仕方は、生活を越える超越的な原理によってではなく、日常経験的な生活そのものにおいて統一されることになる。

その意味で茶の湯は、芸術それ自身が目的であり人生の他のどんな目的にも奉仕するのではない「芸術のための芸術」でも、人生の他の目的、すなわち倫理的・政治的・享楽的目的等に役立つ限りにおいて芸術の価値を認める「生活のための芸術」でもなく、「芸術のための生活」ないしは「芸術となった生活」であり、人生のすべての活動が芸術の体系に吸収され、人生を芸術作品に作り上げようとする「無謀な企て」と見なされるのである。そうした日本の芸術のあり方が、「茶の湯」において典型的に現れているとする。それ故に茶の湯は今日までこれほど長く生きのびているのである。最も「日本的」とされる「茶の湯」を、加藤はこのように基礎づけるのである。

加藤は、以下、仮説としてことわりながら、「生活の芸術化（芸術のための生活）」としての茶の湯とは、「人間と人間との出会いの表面を極度に形式化することによって、その出会いという核心だけをきわだたせようとする一種の技術」とし、それが「生活の芸術化」ということのいちばん深い意味だとする。従って茶の湯の原理の一つは、「一期一会」という言葉が示すように、「現在の一瞬にいっさいを投じて生きようとする態度」であり（「今・ここ」に生きるという態度）、抽象的で普遍的な原理に執着せず、現在の状況に応じて生きる実際主義を意味しているのである。それが、文学の分野では、短歌形式に集中し、さらに俳句にまで到る抒情詩の歴史に通底している、とする。

こうした「土着世界観」に立ちながらも、茶の湯のもう一つの原理として加藤が挙げるのは、「感覚的な歓びを否定しようとする態度」に基づく。茶の湯は「侘び茶」と言われるように、「侘び」の茶という美学を生み出した。「侘び」とは、十五、十六世紀の意味としては、「無」の自覚の美的感覚的表現とされ、侘住まいのなかに見出される美または調和が茶の美学の原理とされる。金殿玉楼よりも、桜も紅葉もない「浦の苫屋」が美しいとされる（藤原定家の有名な歌「見渡せば花も紅葉もなかりけり浦の苫屋の秋の夕暮」）。そこには、「美学革命」とも言うべきものがあり、後に『日本　その心とかたち』で詳説されたように、「大よりも小」、「堅固なものよりも脆弱なもの」、「豪奢よりも簡素」をよしとする美的価値の転換がある。それは感覚的な享楽に対する自覚的で組織的な拒否である。

しかし感覚の否定が徹底しただけでは通常、芸術は生まれない。芸術はつまるところ感覚的な表現だからである。茶の美学の特色は、「感覚そのものに即した歓びを否定することによって、いわば精神化され、内面化された感覚の歓びを発見するという手のこんだ手続きにあった」のであり、「感覚の否定の感覚的表現が茶」であり、これが「侘び」茶の原理だとするのである。そこには「土着世界観」に立つだけでなく、それをさらに洗練させようとする日本の文化の特徴があったと言えよう。

しかし残念ながらその後の茶の湯は、とりわけ二十世紀以降、戦前では上流階級の子女のために、戦後は大衆消費財となって「お茶のおけいこ」のために、茶人が茶の湯の教師となるに及んで、商業化過程が進行して茶の湯は変質したと、加藤は見たのである。

ともあれこうして加藤は、一九七〇年頃には、文学の領域のみならず他の諸芸術においても、日本文化の「土着世界観」の性格を体系化する準備を十分に整えたと言えよう。

【注】

（1）なお雑種文化論以前、一九五〇年二月に『文藝』に発表された「日本の庭」（『自選集』1）という論文があり、諸論者から加藤の優れた日本文化論であると評価されているが、そこには比較という視点が乏しく、日本文化の個性（〈日本的なもの〉）を論じたものとは言い難い。比較がないところに日本文化の個性は抽出しようがないからである。

（2）この「超越性」という視点は、フランス留学以前、一九四八年一月号の『文藝』に発表した「定家『拾遺愚草』の象徴主義」（『自選集』1）に既に見られる。一方で日本の抒情詩にとって比類なく深い藤原定家も、他方で「超越的立場（形而上学的思考）」が欠如していたとする。加藤は、この視点を早いうちからつかみ取っていたと思われる。

（3）船曳の『「日本人論」再考』に関連して一言付言しておきたい。「日本文化論」に分類される優れた論考の中でも、例えば青木保『「日本文化論」の変容』、吉野耕作『文化ナショナリズムの社会学』、船曳建夫『「日本人論」再考』等は、日本文化そのものの内容を扱うというよりも、その外的条件が対象となり、そうした言説の発生要因、社会におけるその需要、あるいは社会的機能、等に関わるものであって、日本文化の実質的内容の検討については、はじめから等閑視されている。私は、彼らが等閑視した日本文化の内容そのものを、ここでは問題としたいのである。

（4）ここに挙げた三論文のうち、「日本的なもの」「日本人とは何か」という二つの論文は、『著作集』にも『自薦集』の中にも収録されていない。両論文とも『日本人とは何か』（講談社学術文庫）に収録されているだけである。

（5）「私小説」については、加藤は生涯にわたって何度も論及しているが、かなり後の一九七一年九月の『展望』に発表された「『追いつき』過程の構造」（『自選集』4）では、私小説の特徴のより包括的な説明がなされている。それによれば、

・人物を理想化せず、ありのままの人間の姿を描こうとすること（「客観描写」）
・作者当人（私）の経験の範囲に話を限り、想像の世界に及ばぬこと
・当人の経験の内容は、日常生活の身辺雑事（家庭内の紛争、情事、小金の工面など）であること
・身辺雑事は、当人の感情生活との関連において扱い、知的生活の内容に触れぬことである。

当時の「文壇」にあっては、文学の最高の形式は小説であり、小説の最高の形式は私小説であるとされていたことが説かれている。

（6）この点に関しては、旧制一高の生徒であったわずか十七歳の加藤が、寄宿寮の『向陵時報』に「映画評『新しき土』」（『自選集』1）を寄稿しているが、その中でこの日本映画の性格を評して、「断片的美しさの支離滅裂な、雑然たる集合」と記している。すでにこの時期に、日本映画の特徴を「断片的」と評しながら、Ⅱ〈視点〉に関して、〈体系的ではなく断片的〉という日本文化の性格を感じとっていたのである。加藤の「日本文化論」は、徐々に形成されていったというよりは、若い時代から既にその要点を把握していたと言えよう。

（7）「茶の美学」論文では、加藤は「茶道」という言葉を使っているが、後の「日本における芸術思想の展開」

以降は、「茶の湯」という言葉を使い、「茶道」は以後使わなくなった。その理由を、後に加藤は「手のひらのなかの宇宙」(『日本　その心と形』所収)の注で、以下のように記している。「私が「茶道」という言葉を避けて、「茶の湯」というのは、十六世紀の人びとが「茶道」という言葉をほとんど用いなかったからである。「茶道」の語が流行し普及したのは、後代である。また諸芸にかぶせてやたらに「道」の字を用いるのは、日本の徳川時代以来の習慣で、中国にはない。漢字の使い方としても、濫用のそしりを免れぬだろう」。さらに荻生徂徠が言った、何にでも「道」をつけるのは「文盲なるもの」の習慣である、という批判を引用しつつ、「道」をつけることは、「吾が仏貴しの勿体つけであり、事の全体の mystification である」と批判している。

第三章　加藤周一における「土着世界観」論の確立

1　「土着世界観」の性格

「文学」の定義

これまで加藤周一の「土着世界観」論の形成過程を述べてきたが、主著『日本文学史序説』の冒頭論文「日本文学の特徴について」において、「土着世界観」の特徴が総合的に定式化される。形式的には「文学」という一分野に題材を取ってはいるが、それは単なる従来の文学史ではない。というのは加藤にとって「文学」とは、極めて広義な分野だったからである。文学概念の拡張については、加藤は他にいくつかの論考で記しているとはいえ、『日本文学史序説』が雑誌『朝日ジャーナル』に連載される前の一九七一年六月、『戦後日本思想体系　第一〇巻　学問の思想』に発表された「日本文学史の方法論への試み」（『自選集』４）に詳細に説かれている。加藤にとって、従来の「文学」とは、詩と芸術的散文を中心としたものであり、以下のジャンルを欠落させたものであった。それは、

①「理論的作品」

特に鎌倉・室町時代の僧侶（法然、親鸞、日蓮、道元等）、徳川時代の儒者（新井白石等）、近代のイデオローグ（内村鑑三等）の作品である。

②「漢文による作品」

殊に室町期禅林の文学、江戸期の漢詩人、等の作品である。

③「大衆文学」

例えばとして、室町時代の仮名草子、徳川時代の川柳、雑俳、滑稽本、近代の中里介山や後期の菊池寛の作品等を挙げている。

総じて、従来の文学史は、「卓越した思想家の知的活動や一般民衆の生活感情をまともに考えに入れぬ文学概念に基づいて書かれてきた」のであり、その結果、思想的実質を表現することに乏しく、また民衆の生活感情を表現する力に乏しい結果にならざるを得ないとされる。

加藤は文学概念を「言語作品」一般にまで拡大するのであり、拡張した加藤のその定義は、「文学とは、現実の特殊な相を通じてある普遍的人間的なるものを表現する言語作品」とするものであった。日本の「文学史」とは、加藤にとって、まさに日本の思想史であり精神史なのである。

「土着世界観」の定式化

こうした「文学史」研究から、加藤が抽出した日本人の精神の根底を成す世界観の特徴的性格は、

『日本文学史序説』冒頭論文において、以下のようにまとめられる。まず世界観の根底をなす日本の宗教については、往々に「神道」を持ち出すことがなされるが、加藤によれば、神道の理論体系は、儒・仏・道、またキリスト教の概念さえ借用しているのであって、外来思想の影響を受けない神道には理論がないとして、日本の宗教を「祖先崇拝・シャーマニズム・アニミズム・多神教の複雑な信仰体系」であるとする。

そうした自然宗教を背景とした「土着世界観」の特徴を、加藤は以下のように記す。

抽象的・理論的ではなく、具体的・実際的な思考への傾向、包括的な体系にではなく、個別的なものの特殊性に注目する習慣。そこには超越的な原理がない。カミは全く世界内存在であり、歴史的には神代がそのまま人代に連続する。しかもそのカミは無数にあって（八百よろずのカミ）、互いに他を排除しない。当然、唯一の絶対者はありえない。いかなる原理も具体的で特殊な状況に超越しないから、超越的な原理との関連においてのみ定義されるところの普遍的な価値もなりたたない。しかしもちろん、そういうことは、特定の個人にとっての絶対的な価値がありえないという意味ではない。それどころか特定集団の首長が、その集団の成員にとっては、しばしば絶対的な権威となり、忠誠が絶対的な価値となった（天皇制国家からヤクザ集団まで）。しかし他の集団の成員にとっては、その権威は通用しないし、その首長への忠誠は価値ではない。

以上を行論の順に、本書の整理に当てはめれば、

Ⅲ〈思考：抽象性―具体性〉における〈抽象的ではなく具体的〉

Ⅱ〈視点：全体性―部分性〉における〈全体的ではなく部分的〉

Ⅰ〈射程：超越性―日常性〉における〈超越的ではなく日常的〉

Ⅳ〈価値：普遍性―特殊性〉における〈普遍的ではなく特殊的〉

となり、これが「土着世界観」の根本的性格である。この加藤の「土着世界観」論は、世界観を、一つのイデオロギーやドクトリン（教義）などのような実体的なものとしてではなく、あくまで世界観の性格を表わすものである。

しかもこの世界観の性格は、例えば『万葉集』の項で、貴族階級の歌と大衆の「東歌」との同質性を指摘することによって、階層を越えて広く日本に存在するものとする。『万葉集』は「雑歌」「相聞」「挽歌」からなるが、その中心は「相聞」であり、「挽歌」でさえ、夫または妻の死を悼む歌が多数を占め、それは「極限における相聞」である。貴族、大衆を問わず、『万葉集』とは何よりも「恋の歌集であり、その世界の中心が、特定の男女の結びつき」だったのである。この七、八世紀の仏教美術の「黄金時代」にあって、仏教の彼岸思想は『万葉集』にはほとんどあらわれず、そこでの「世界観は徹底して此岸的」であり、「どういう種類の超越的な原理や価値をも介入させよう」とはしていない。「土着世界観の構造が、首都と地方、貴族官僚と農民大衆において、根本的にちがうものではなかった」のである。しかも『万葉集』に限らず、以後の時代においても、加藤は『日本文学史序

説』において、文学作品の中に上層階級や知識階級と大衆との世界観の同質性を指摘していくのである。

ユーラシア大陸の東端に位置する日本列島には、古来、大陸からいくつかの外来思想が入ってきた。日本に対してとりわけ影響を及ぼした外来思想として加藤が挙げているのは、第一に大乗仏教とその哲学、第二に儒学、殊に朱子学、第三にキリスト教、第四にマルクス主義である。その他にも、老荘思想や近代の科学思想が入ってきたとするが、そうした外来思想がもつ世界観の特徴は、「いずれも自然・人間・社会・歴史の全体を説明しようとする包括的体系」であり、「抽象的な理論を備え」、「超越的な存在または原理との関連において普遍的な価値を定義しようとする。すなわち大乗仏教における仏性、キリスト教における神、儒教における天または理、マルクス主義における歴史である」と説く。本書の整理によれば、外来思想の世界観の性格とは、行論の順に、

Ⅱ〈視点〉における〈部分的ではなく全体的〉
Ⅲ〈思考〉における〈具体的ではなく抽象的〉
Ⅰ〈射程〉における〈日常的ではなく超越的〉
Ⅳ〈価値〉における〈特殊的ではなく普遍的〉

を、その特質とするものであり、「土着世界観」とはまさに正反対の対極にあるものであった。

そうした外来思想が古代以来、次々と日本列島に入り込み、日本の土着世界観と出会った時、いかなる事態が起こったのか。加藤は以下の三つの反応を想定する。

①外来の世界観をそのまま受け入れる（全面受容）
②土着世界観を足場としての拒絶反応（全面拒否）
③外来の世界観の「日本化」という変容

という三様であり、日本では多くの場合に起こったのは、③の外来思想の「日本化」であり、その①全面受容と②全面拒否は常に少数派ないし一時的なものに止まったのである。

しかも外来思想の「日本化」は、すでに「日本における芸術思想の展開」論文で述べられているが、ここではより詳細に定式化されている。

それによれば、「日本化」とは、常に一定の法則性（方向性）を持っているのであり、「抽象的・理論的な面の切捨て、包括的な体系の解体とその実際的な特殊な領域への還元、超越的な原理の排除、したがってまた彼岸的な体系の此岸的な再解釈、体系の排他性の緩和」である。本書の整理に当てはめれば、その行論の順に、

Ⅲ〈思考〉における〈抽象性の切捨てと具体性への集中〉
Ⅱ〈視点〉における〈全体性の解体と部分性への還元〉
Ⅰ〈射程〉における〈超越性の排除と日常性への回帰〉

であり、直接は述べられてはいないが、当然に、

Ⅳ〈価値〉における〈普遍性の排除と特殊性への固執〉

が加わる。それらが外来思想の「土着世界観」による「日本化」ということになるのである。

日本人の世界観の歴史は、多くの外来思想の浸透によってよりも、むしろ「土着世界観」の執拗な持続と、そのために繰り返された外来の体系の「日本化」によって特徴付けられる。こうして、実際に存在した日本文学は、一方の極に外来思想の世界観に基づく文学が、他方の極に「土着世界観」に基づく文学が、その中間の外来思想の「日本化」の様々な段階の数多くの文学が存在することになる。加藤の浩瀚な主著、『日本文学史序説』は、一貫してこうした視点から叙述される。「前の事実を踏まえて後の事実に生じる一筋の流れ」という歴史的な面に着目し、「土着世界観」が外部からの思想的挑戦に対して反応してきた反応の系列を説くとともに、常に同一な反応パターンをもたらす「土着世界観」の構造という歴史を超越する面にまで及ぶのである。

具体的には、一方の極の外来思想に基づく文学として、包括的・体系的で抽象的な概念秩序を打ち建てた空海の『十住心論』、超越的思想を知的に洗練した道元の『正法眼蔵』、禅宗という外来「イデオロギー」を肉体化した一休宗純の『狂雲集』、宇宙の原理や法則を探究し空海以来の抽象的体系を構成した三浦梅園の諸著作、国家に超越する信仰を持つ内村鑑三の諸著作、等々が叙述される。

他方の極の「土着世界観」に基づく文学として、徹底的に此岸的、非超越的な『記』・『紀』や『万葉集』『古今集』『新古今集』、そして能とは異なり全く此岸的・日常的な「狂言」、性的快楽と金もうけという全く此岸的な町人の世界観に徹底した井原西鶴の諸作品、儒仏の影響を離れた日本の「土着世界観」を知的に洗練された思想の水準まで高めた本居宣長の諸著作、全体を貫く統一的なすじはなく徹底して此岸的・現世的・現実主義的な黄表紙・洒落本、私的日常的空間の数限りない些事を指導原理や中心観念がないままに鋭く実際的に描いた正宗白鳥をはじめとする「自然主義」作家の私小説、細部の美しさに注意を集中し、その感覚的描写の鋭さは比類がないほどの川端康成の作品、等々が説かれる。

そして外来思想の「日本化」された例として、大陸文学の影響を受けながら部分描写に精彩ある『竹取物語』、仏教的背景を持ちながら日常生活を中心にして感覚的洗練を示す『源氏物語』、仏教的背景（無常観と浄土教）に加え日本化された儒教倫理を持つ『平家物語』、狂言とは異なり彼岸への関心に支えられた「能」、西洋の近代文化と徳川期以来の伝統文化との対決と総合を試みた森鷗外や夏目漱石の諸作品、外来思想と伝統思想の二つの文化の対立を自己の内面の問題に還元する小林秀雄の作品、等々が書き記されていくのである。

そこで取り上げられた作者は約七五〇名、作品は約八五〇点にも及んでいる。それぞれの作者や作品を専門とする研究者は数多くいる。当然そうした研究者からは、個々の点について、様々な異論や批判はあるが、それ以上に専門家からは無視ないし拒絶反応が多いという（その点に関しては、丸山眞男の「『加藤周一著作集』をめぐって―W氏との対談―」（『丸山眞男集 別集』第三巻）に詳しい）。しかし私とは視点を異にするとはいえ、あえて成田龍一の言葉を借りれば、加藤のこの大著は「明確な問題意識と方法に基づき、普遍的な文脈に、具体的な作品を位置づけるという営みであり、それぞれの作品について、素材、成立の事情、内容などを記したうえで」自らの解釈をおこなっている「大河のような文学史」となっている（『加藤周一を記憶する』）のである。細部の個々の事実にこだわることは研究者にとってはもとより重要だが、限られた事実を基にして全体像を作り上げる知的な構想力は、ますます「たこつぼ」的に専門化していく現代にあってはさらに重要であろう。

2　「土着世界観」に即応する歴史・社会・言語

「日本の歴史的発展の型」

加藤はさらに、「日本の歴史的発展の型」（歴史）、「日本社会の基本性格」（社会）、「日本語という言語の構造」（言語）が、ともに「土着世界観」と同じ性格を持つものであると指摘する（『日本文学史序説』の冒頭論文「日本文学の特徴について」）。

まず日本の「歴史的発展の型」についてであるが、それは、日本の文学の歴史だけではなく、とりもなおさず日本の文化そのものの発展の型でもあるとする。一般にある世界観が、全体的（包括的・体系的）、超越的（原理的）、抽象的、普遍的である場合には、他の世界観に対しては排他的にならざるをえない。原理的に異質だからである。例えば近代中国の場合のように旧体系の世界観は、「竹内好の批評装置」で加藤の論評が示したように、西洋の新体系の世界観と出会うとき、排他的に激しく対立して、旧が新を排除するか、新が旧に取って代わらざるを得ないのである。

これに対して日本の「土着世界観」は、そうした世界観とは正反対のものであるが故に、他の世界観に対して排他的ではない。その帰結は、「旧に新を代えるのではなく、旧に新を加えるという歴史的な発展の型」となる。一時代に有力となった文化の形式や内容は、次の時代に受け継がれ、新しい形式や内容により置き換えられるのではなく、つまり新旧が交替するのではなく、新が旧につけ加えられるのである。例えば、八世紀の短歌に十七世紀の俳句が加わり、さらに二十世紀の自由詩型が加わるように。また十五世紀の能・狂言に十七世紀の人形浄瑠璃や歌舞伎が加わり、二十世紀の大衆演劇・新劇が加わるように。古いものがなくなるのではなく並存していくのである。

発展の型は形式についてばかりでなく、時代を特徴づけるような一連の美的価値（美の理想）についても同様であり、平安時代後期の「もののあはれ」に、鎌倉時代の「幽玄」が、室町時代の「わび」「さび」が、徳川時代の「粋」が、次々に加わる。こうした美の理想は、そのまま時代と共にほろび去ったのではなく、次の時代に受け継がれて、新しい理想と共存する。したがって時代が下るとともに、表現形式や美的価値の多様性が累積していくことになる。中国の場合には「旧体系と新体系とは、激しく対立して、一方が敗れなければならない。しかし旧に新を加えるときには、そういう問題がおこらない」ことになる。

そうした発展の型は、文学のみならず日本の文化そのものの発展の型であり、それ故に、「今日なお日本社会に著しい極端な保守性（天皇制、神道の儀式、美的趣味、仲間意識など）と極端な新しいもの好き（新しい技術の採用、耐久消費財の新型、外来語を主とする新語の濫造など）とは、おそらく楯の両面であって同じ日本文化の発展の型を反映している」と加藤は見なすのである。以上のような「歴史的発展の型」の帰結としての日本文化の「重層性」論こそ、加藤がかつて主張した「雑種文化」論と言ってよいのかも知れない。

この日本文化の「重層性」は、古くからの「日本文化論」の中でも指摘されてきた。和辻哲郎が一九三四年に著した「日本精神」（『續日本精神史研究』所収）では、「日本文化の一つの特徴は、さまざまの契機が層位的に重なっていることに」あるとし、衣・食・住、宗教、芸術、思想、社会、経済、政治などのどの分野においても、「日本精神（＝日本文化）」の「形式的規定」として「重層性」の存在を指摘している。なお和辻は「日本精神」の内容の「実質的規定」を論ずることなく、それを論ずるためには日本の「精神史」と「風土学」を創り上げねばならぬと記しているにすぎない。

こうした和辻の論を加藤自身は明記しているわけではないが、加藤は、和辻の岩波文庫版の『日本精神史研究』末尾に「作品・方法・感受性および時代」という優れた「解説」文を書いており（『自選集』８に収録）、加藤は、和辻の「日本文化の重層性」論を十分に理解しており、そこから大きな影響を受けていたものと思われる。

実際に加藤の「日本文化の発展の型」論は、明らかに和辻の「日本文化の重層性」論と同一のものである。加藤の独自性は、こうした「重層性」を原理的な世界観から導き出している点にあると言えよう。また、鶴見和子も『好奇心と日本人』において、集団、価値、イデオロギー等の多元的構成をもつ日本の文化・社会を「多重構造型」と特徴づけている。

「日本社会の基本性格」

次に「日本社会の基本性格」という点についてであるが、加藤は、日本文学の「社会的背景」として、第一に、中国や西洋とは異なり、日本では文学（作者、読者、作品の題材）が大都市（特に首都）に集中する「求心的傾向」があり、それは平安時代以来の京都において徹底し、今日に東京において更に著しいと説く。

第二に、西洋に似て、中国とは異なり、日本では「文学的階層（作者、読者）の時代による交代」が行われたことである。平安から鎌倉室町時代には貴族・僧侶が、江戸時代前期には主として武士が、後期には武士のみならず町人・農民が、明治以降にはその出身が江戸期以来の町人・士族と地方の中小地主層である都市中産階級が、というように。しかもこうした文学階層の変化が、「旧に新を加える」という「歴史的発展の型」故に、日本文学の表現形式や美学や素材を多様化したと説く。

第三に「作家がその属する集団によく組み込まれ」、「その集団が外部に対して閉鎖的な傾向をもっていた」点を指摘する。それは、一面ではその社会の支配階級や支配体制に組み込まれているということであり、他面では、支配体制から疎外されていた場合には、作家たちだけの小集団に組み込まれていたということである。例えば室町時代の「隠者文学」の隠者でさえ、「ひとり草庵に住んでいたのではなく、仲間と酒を飲んでいたのであり、荒野に放浪していたのではなく、同好の士をたずねて旧交を温める旅をつづけていた」のである。それが、明治以後の閉鎖的な「文壇」にまで連続している。「社会によく組み込まれた作家は、その社会の価値の体系を、批判することはできないし、批判を通じて超越することはできない」と説く。

この点は、多くの論者によって戦後一貫して主張されてきた日本人の「集団主義」に係る。「土着的世界観」には先に見たように、非超越的であって自らが属する集団を超越する普遍的価値が存在しない。普遍的な価値とは超越的な原理との関連においてのみ定義されるものだからである。いわゆる「集団主義」は根本的には「土着世界観」の性格に由来するといっても過言ではないだろう。

他方において「集団への組み込まれ」は、「与えられた価値を前提としながら、感覚をとぎすまし、表現を洗練することはできる」のであり、日本の文学はその方向に展開されたとも言える。ともあれ「集団主義」は、今日に到るまで日本文学の特徴の一つであり、日本社会の一般的構造的特徴を、そのまま反映している、とするのである。

「日本語の構造」

さらに加藤は「日本語の構造」もまた、「土着世界観」と同じ構造を持つものと指摘する。その日本語の多くの特徴の中でも、彼は以下の二点に注目する。

第一に、「日本語の文は、その話手と聞手との関係が決定する具体的な状況と、密接に関係しているということ」。具体的には、極度に発達した敬語の体系や、主語の省略の多さに現れる。その意味では中国語や西洋語において、「言葉の秩序が、具体的で特殊な状況に超越し、あらゆる場合に普遍的に通用しようとする傾向」にあるのに対して、日本語の場合には「具体的で特殊な状況に応じて言葉が使用され」、「その場で話が通じることに重点をおき、話の内容の普遍性に重点をおかない文化」なのである。

第二に、「日本語の語順が、修飾句を名詞のまえにおき、動詞（とその否定の語）を最後におくということ。すなわち日本語の文は部分からはじまって、全体に及ぶので、その逆ではない」という点を加藤は挙げる。それはあたかも日本の建築の構造に類似しているという。

既述のように、徳川時代初期の大名屋敷の平面図を例にとり、それらは、あきらかに、大きな空間を小空間に分割したものではなく、部屋をつないでゆくうちに自ら全体ができあがったとしか考えられないものであり、「建増しの繰返し」という「部分から出発して全体に到ろうとした」ものであった。しかもその部分というものが、全体と関連づけられているというよりも、部分がそれ自身の独立した興味が持たれているのである。他方、中国や西洋の建築はそれとは逆に建築の全体の構造がまず関心の対象とされて重視され、全体から部分へという方向をとる。それは、まさに日本語の文の構造と同一のものであるとする。

以上のように加藤にとって日本語の特徴とは、普遍的な対応よりも個別的・特殊的に対応するものであり、全体の構造よりも部分を重視するものであって、言語においてもまた「土着世界観」の性格に相応しているのである。「比喩的にいえば、日本語の語順は、日本文化の語順にほかならない」ということになる。

日本芸術における文学と美術の比重の重さ

それらの指摘から、日本の芸術文化における文学と美術の持つ比重の重さについて、加藤は以下のように指摘する。西洋には、近代の観念論にまで発展した抽象的で包括的な哲学があった。とりわけ西洋中世の文化の中心は、文学でも工芸的美術でもなく神学であり宗教哲学であった。神学があらゆる芸術をその僕としたのである。また西洋には、近代の器楽的世界にまで及ぶ抽象的、構造的な多声的音楽があった。中国もまた、朱子学に典型的に見られるように、包括的体系への意志が徹底していた。

これに対して日本では、「抽象的な思弁哲学のなかでよりも主として具体的な文学作品のなかで、その思想を表現してきた」のであり、「抽象的・体系的・理性的な言葉の秩序を建設することよりも、具体的・非体系的・感情的な人生の特殊な場面に即して、言葉を用いることにあった」。「日本文学の全体が、日常生活の現実と密接に係り、遠く地上を離れて形而上学的天空に舞いあがることをきらった」のである。「日本では哲学の役割まで文学が代行し、中国では文学さえも哲学的となった」のであるとする。

美術についても、「日本人の感覚的世界は、抽象的な音楽においてよりも、主として造形美術、殊に具体的な工芸的作品に表現された」のであり、「日本の文化は、ここでも、音楽という人工的な素材の組み合わせにより構造的な秩序をつくり出すことよりも、日常眼にふれるところの花や松や人物を描き、工芸的な日常品を美的に洗練することに優れていたのである」とする。

西洋や中国では、普遍的な原理から出発して具体的な場合に到り、まず全体をとって部分を包もうとするが、日本では、具体的な場合に執してその特殊性を重んじ、部分から始めて全体に到ろうとする。こうした日本文化の中で、文学と造形美術の重要性は決定的であり、日本の「文化の中心には文学と美術があった」とするのである。なかでも加藤にとって、「日本の文化の最高の表現」は、文芸の領域よりも、建築、造園、絵画、工芸といった造形美術の領域にあったのであり、それは、安土桃山時代から江戸初期にかけての十六世紀半ばから十七世紀半ばの時代において、その独創的な仕事の多くは完成し、あるいは始まったのであった。

以上のように、加藤にとって、まさに日本の「宗教」「世界観」「言語」「社会」は同じ性格を持つものであり、その性格が、「日本」というものを根源的に規定しているのである。日本の歴史的発展の型も、日本の文化における文学と美術の比重の大きさも、この世界観から当然に導き出されるものであった。

3　丸山眞男の「古層」論

「古層」とは

加藤が以上のような結論を導く背景には、実は年長の親しい友人であった丸山眞男の大きな影響があったことは明らかである。とりわけ非超越的な世界観の射程や特定集団に超越する普遍的な価値の欠如といった加藤の「土着世界観」論は、丸山の日本ファシズムの分析（『現代政治の思想と行動』）からの影響が伺える。

加藤は、『朝日新聞』連載「夕陽妄語」の一九九六年九月一九日付の「戦後史のなかの丸山真男」（『自選集』9）で、「要するに丸山眞男の学問的な仕事は、つまるところ日本の思想・思考の習慣・世界観の特徴（個性）とは何かという問題を中心として展開」したと説く。この点、加藤自身の学問的仕事と同様である。丸山の問題意識の中心は「通時的および共時的な日本社会の全体の本質的な性格」であり、その「なにものか」を丸山は「古層」ないし「執拗低音」と呼んで、それが外来思想の「日本化」をもたらした、と加藤は述べる。丸山も加藤と同様、外来思想の「日本化」の過程を見ることによって、丸山は世界観の「古層」ないし「執拗低音」を、加藤は「土着世界観」を探り当てようとしたのである。

ここでは、丸山眞男の「原型・古層・執拗低音――日本思想史方法論についての私の歩み」を参照しながら、加藤と丸山の研究の方向性が持つ同質性を確認し、加藤の「土着世界観」論と丸山の「古層」論との関係を考えてみたい。

なお加藤と丸山の関係については、田口富久治の「丸山眞男の「古層論」と加藤周一の「土着世界観」」という論文がある。加藤と丸山の関係は、田口論文では十分に論じられていないほど多面的で深いものがある。私は現在のところ、それに関して十分な整理ができていないため、本書ではこの加藤と丸山の関係を総合的に論ずるという課題については留保したい(1)。

丸山はその長期にわたる日本思想史研究の「方法論的遍歴」の過程で、日本思想史における「外来文化の圧倒的影響と、いわゆる日本的なものの執拗な残存」という認識から、「古来日本が外来の普遍主義的世界観をつぎつぎに受容しながらこれをモディファイするその契機は何か?」を問題とした。外来文化をモディファイすることによって、「日本的なもの」が「執拗に残存」し続けるからである。「外来文化の影響を排除して日本的なものを求めるのは、ラッキョウの皮を剥くのと同じ」であり最後には何も残らない、完結したイデオロギーとしての「日本的なもの」を取り出そうとすると必ず失敗するとして、これこそ江戸中期から近代にまで続く「国学的なものの悲喜劇」であるとする。それでは「日本的なもの」は全くないのか、という疑問に対して、「外来思想の「修正」のパターンを見たらどうか?」という課題に突き当たる。そしてその変容・修正のパターンにはおどろくほど共通の特徴があることを見出すのである。丸山のこの考え方が、そのまま加藤の言う「土着世界観」による「外来思想の変容」(「日本化」)という考えにそのまま受け継がれていると言えよう。

丸山がこの問題を最初に論じたのは、一九六三年の東京大学における「東洋政治思想史」の講義においてであったが、その「共通の特徴」(=「修正パターン」)をもたらす「サムシング」を、当時は「原型(プロトタイプ)」という言葉を使った。「原型」を取り出すには消去法しかないとして、日本思想の中から外来的要素を消去していくと何もなくなるかというと、サムシングが残るが、しかしそれは、実体的なドクトリンではなく、「発想様式(断片的な発想)」ないし「思考様式」であり、その「発想様式」・「思考様式」がいつの時代でも変わらぬ共通の「変化のパターン」をもたらす、とする。

この「変化のパターン」をもたらす深層に沈殿している「発想様式」・「思考様式」こそ、日本文化の「原型」であるというわけである。一九六四年度の「東洋政治思想史」の講義で、丸山は「原型」を、「社会結合様式および政治的行動様式の原初的形態、ならびに神話・古代説話に現れた思考様式および価値意識（文化）をいう」と定義しているように、「発想様式」・「思考様式」に加えて、それらがもたらす「価値意識」、「社会的結合様式」、「政治的行動様式」をも含めていると言えよう。

その後、丸山はこの「原型（プロトタイプ）」に代えて、「古層」という言葉を使うようになる（「歴史意識の『古層』」）。というのは第一に、「原型」という言葉は、いちばん古い段階のような感じを与え、歴史的発展系列にくみいれられてしまう恐れがあるのに対して、「古層」と言えば時代を越えて働き続ける成層性がより明らかになるからであり、第二に、「原型」は宿命論的な感じを与えるのに対して、「古層」は「原型」ほどそうした感じを与えないからであった。しかしさらに丸山は、この「古層」の語に代えて、「バッソ・オスティナート（「執拗低音」）」という音楽用語を使うようになる。というのは「古層」という語はマルクス主義における「土台」として見る人が少なくなかったからであり、それを避けようとするものであった。

主旋律に相当する思想内容が、圧倒的に大陸また欧米から来たのに対して、そうした思想は日本において常に変化・修正させられるのであり、その変化のパターン自身が常に同一であり、歴史上何度も繰り返される。つまりは非連続にもかかわらず連続があり、変化にもかかわらず恒常性があるということになる。外来思想は何度も同じ変化を繰り返すが、その「変化のパターン」をもたらすサムシング（＝「思考様式」「発想様式」）を音型にたとえて、それを「執拗低音」という語で表現したのである。

「古層」の内容──宗教意識

その「古層」の内容については、公刊されたものとして、『丸山眞男講義録［第四冊］日本政治思想史1964』、『丸山眞男講義録［第六冊］日本政治思想史1966』、『丸山眞男講義録［第七冊］日本政治思想史1967』という講義録があり（なお講義の名称は一九六六年度までは「東洋政治思想史」、六七年度は「日本政治思想史」）、毎年の講義の冒頭部分に「古層」論（当時は「原型」という言葉を使っていたが、ここでは「古層」という言葉に統一したい）が講じられていた。しかしその講義録は近年公刊されたものであり、当時は丸山の「原型」（「古層」）論は、広く知られていたわけではない。

その後丸山は、この「古層」を、「便宜的に」三つの領域に分けて、以下の論文で、その最終的な内容を提示している。

①歴史意識（あるいは「コスモスの意識」）については、一九七二年の「歴史意識の『古層』」

②倫理意識については、一九七六年の英文での報告「日本における倫理意識の執拗低音」

③政治意識については、一九八五年の「政事の構造──政治意識の執拗低音」

である。講義においても年々その説くところに多少の変化があり、また後にまとめられた諸論文においても講義とは説き方に多少の違いがあるとはいえ、ここではやや強引に、そのすべてをまとめ、丸山の「古層」論の骨格を理念型的に、つまりは論理的に首尾一貫した思想像として再構成したい。[2]

丸山も加藤と同様、歴史意識、倫理意識や政治意識の根底には宗教意識があるとする立場から出発する。宗教とは、丸山にとって、「世界に対する人間の意味付与（世界とは何か、自分とは何か）の最初の試み」であり、「どの世界でも宗教は一切の思想の原型である。…〈略〉…世界の意味づけを与えてくれる原型である」（一九六六年度講義）。宗教はあらゆる社会に存在し、その宗教が表現する「神話こそ、環境に意味連関を与える人類文化史上最初の試みであり、ここにおいて、ある文化圏の根源的な概念のフレームワーク（枠組）を見ることができる」（一九六七年度講義）とするのである。

宗教は、非日常的な出来事（自然災害や病気や死等）に「意味」を与え、それらの出来事に対応するために、「超自然的力」についての観念を持つ。この超自然的な力は日本ではかつて「タマ」ないし「カミ」（ここでの「カミ」は「神」というよりも「タマ」であり「スピリット」である）と表現され、非日常的な出来事は、すべてこの「タマ」あるいは「カミ」の作用とされる。この宗教は言うまでもなく「アニミズム（精霊信仰）」に他ならない。「タマ」や「カミ」のこの作用を鎮撫するために「呪術」が行われる。日本だけでなく、「アニミズム」ではどこでも、共同体の外部からやってくる災厄（禍）と利福（福）に対して「呪術」があったと丸山は考えている。災厄（禍）は、外からやってくるものだから、それを鎮めるために「ハラヒ・キヨメ」の「呪術」がなされるのである。その際、「呪術」の性格については、現実の禍福を対象とする功利主義的な目的を持つものであり、また「呪術」によ り「タマ」や「カミ」の作用を統制することが可能であることから、呪術者が「タマ」や「カミ」よりも高位にあると考えられている。

こうしたアニミズムはどの世界にも広く存在すると丸山は説くが、宗教発展史観をとる丸山は、アニミズムが多神論へと発展し、さらに絶対的原理（人格神、ダルマ、自然法、天）をもつ一神教へ発展するとする。この点はアニミズム概念の創始者であるタイラーと同様である。アニミズムから多神教への発展は、一般に、精霊（「タマ」）から精霊の人格化・物化（人格神と物心崇拝）へ転化して「神」観念が生じ、その「神」そのものを崇拝することになって、アニミズム（精霊信仰）から多神教（神々への信仰）へ発展するという方向をとる。その結果、「呪術」による精霊（「タマ」）の統制（コントロール）から、「タマ」の人格化・物化である「神々」に対する祭祀（「祈願・崇拝」）へと変化する。それは「思想の重要な質的転換」を意味する。災厄（自然災害や病気や死等）は、共同体の外部からやって来るのではなく、共同体内部の人間が、神意にもとづくタブーを犯し、神々の秩序を侵害することによるものとする観念が生じるのである。そこに「罪」の観念が生まれるとともに道徳意識が発生する。換言すれば、外部からくる「吉凶」に代わって、内部の倫理的領域である「善悪」が生じる。呪術師による災厄の除去と福祉の招来というアニミズム的観念（＝「吉凶観」）から、人間が、神々の秩序に違反したために災厄がもたらされ、従順であったから福祉が到来するという観念（＝「善悪観」）に変わっていくのである。つまりは外部からの災厄の除去・福祉の招来という観念から、神々の秩序・命令に対する服従と背反が、福祉と災害の原因であるという内面的な観念へと発展したのである。これがアニミズムから多神教への一般的な発展であるとする。

ところが日本の原型的思考の特徴とは、こうした発展が文字通りになされなかったことにあると、丸山は見る。「吉凶観」は「罪悪感」の発展により消えるのが通常であるが、日本の原型的思考では、この二つが重なり合って残り、神々という概念が成立した後でも、「吉凶観」と「罪悪感」とが長期にわたって重畳しているとする。「善悪」は、それまでと同様、共同体の「吉凶」を基準に考えられるのである。アニミズム（精霊信仰）に基づく「呪術祭祀」と多神教に基づく神々への祭祀が重畳していることをもって、丸山は、日本の原型的思考の特徴と見なすのである（「吉凶観」と「善悪観」の重畳」）。換言すれば、内面道徳にかかわる倫理意識（「善悪観」）が自立せず、外部からの災厄の除去・福祉の招来という観念（「吉凶観」）が根強く残り、両者が融合していることになる。古くは、「吉凶」も「善悪」もともに「よしあし」と読まれ、「吉事」「善事」はともに「よごと」であり、「禍事」「悪事」はともに「まがごと」と読まれていたことが、それを表わしている。

丸山は以上のように、アニミズム（「吉凶観」）と多神教（「善悪観」）の「重畳」という表現を用いて、その「重畳」を強調し、「「吉凶観」と「善悪観」の重畳」こそが日本の宗教意識の「古層」とみなすのであるが、私は、むしろそれは、アニミズム的なもの（「吉凶観」）の執拗な「残存」と言い換えてもよいと考える。丸山の説をより端的に言えば、アニミズム的なものこそ、それが「残存」し続けることによって、日本の「古層」を規定し続ける宗教意識だということ、つまりはアニミズム的なものこそ日本の宗教意識の古層だということである。しかもこのアニミズムという宗教意識は、日本に固有なものではなく（その意味では日本の「固有信仰」などでは決してない）、世界のどこにでもあった宗教意識なのである。

「古層」の内容――倫理意識

以上のような宗教観に基づき、丸山は日本の倫理意識の古層を以下の三点にまとめた。

①「集団的功利主義」

既に見たように「善・悪」が、普遍的・客観的な倫理規範として定義され確立されることがなく、「吉・凶」が外部から来るという観念が持続しているため、外から自己の所属する共同体にとって益（利福）をもたらすものが善、害（災厄）をもたらすものが悪という考え方が生じる。つまりは所属する特定共同体への禍福を基準に善と悪を判断するという考え方であり、これを丸山は「集団的功利主義」と名づけた。本来、ベンサム流の「功利主義」は、個人の快楽・苦痛の計算を前提とする個人主義的なものであり、また普遍的に妥当する快苦の基準に立脚する普遍主義的なものであるのに対して、「集団的功利主義」は、そうした個人主義は排斥され、特定共同体を越えた普遍的倫理規準でもなく、「より特殊的、集団的性格」をもつものである。ここにおける善と悪は、特定の共同体を越えて誰にでも妥当する普遍主義的なものではなく、特定の共同体にのみ適用される特殊主義的なものということになる。そこではたとえどんな欺瞞的手段や悪しき策略を用いようとも、それが当該共同体にとって有用なものならば、それは積極的に肯定されるのである。その一例として丸山は、ヤマトタケルのクマソタケルやイズモタケルに対する欺瞞的な悪しき策略を用いただまし討ちの例を挙げている。

②「心情の純粋性」

それではその「吉・凶」をもたらすものは何か。丸山は記紀のテキストに即して解釈し、「吉・凶」をもたらすもの、それを人間の心に内面化してその動機を問題にし、動機が清いほど益（利福）をもたらし、動機が穢いほど害（災厄）をもたらすものと解釈したのである。外から来る「凶」や「悪」は「ハライ・キヨメ」によって浄化できるという思考が、精神の次元に内面化した時に生じる観念であり、それは「心情の純粋性」こそ重要であるという価値意識である（「心情純粋主義」）。あえていえば客観的規範に違反しても純粋な心情に出る行為は高く評価され、逆に行動結果を考慮したものはズルイという評価を受けることにさえなる。そこには日本の「古層」における「理性的・意思的よりも感情的、情動的性格」が表れているとされる。

記紀が記す倫理的観念が、善と悪といった倫理的用語よりも、「きよき（＝清潔な、純粋な）心」と「きたなき（＝穢れた、不正な）心」という美的用語で表現されていることに、丸山は注目している。古代の文献でこれらの言葉に当てられている漢字は、「きよきこころ」は「清心」・「浄心」・「明心」・「清明心」・「清浄心」・「赤心」であり、「きたなきこころ」は「穢心」・「不浄心」・「黒心」である。つまり善と悪という実質的な内容を持った倫理よりも、行為者の動機に重きを置き、「心の純粋さ」（動機）が尊重されるという表現をとっているのである。とりわけ神代の物語のクライマックスである天照と須佐之男の出会いと「うけひ」の箇所では、心の純粋さや明るさがくり返し言及される。「人間性が本質的に善か悪か」という善と悪の実質的内容を問う問題が、古代中国において孟子と荀子との間に有名な論争を引き起こしたのに対して、日本の倫理思想の歴史では、そうした問題は、古代以来、真剣な考察の対象とならずにきたという例を丸山は挙げている。こうして丸山は、「純粋動機主義」（「きよきこころ・あかきこころ」＝「清明神」）を、日本の倫理意識における根源的な価値基準として抽出するのである。

この「心情の純粋性」が①の「集団的功利主義」と結びつき、集団に対する心情的に一途な献身は、「こころの純粋さ（内部）」と「集団的功利主義（外部）」を同時に満たすことによって、日本の倫理意識の上では最高の評価を得る、と説かれるのである。この点、「日本文化論」でしばしば指摘される「集団主義」の根本的な基礎付けともなっていると言えよう。

③「活動・作用の神化」

アニミズムにおいては、自然に内在している超自然的な力を持つ「タマ」が自然現象を動かしているとされる。既述のように、アニミズムから多神論への発展は、この「タマ」が実体として自然現象から分離され、「タマ」自体が人格化あるいは物化されて「神」となり、宗教的崇拝と儀礼の対象となる。ところが日本では、「タマ」が「神」となった後も、「タマ」の働きである生成・活動・作用そのものが神聖であるとするアニミズム的思考が残り続ける。つまりは神々の活動の過程（活動・作用）が、神々そのものの「本体」や「本質」よりも重視され、「神化」される傾向を持つのである。

そのことは倫理意識においても、神々が本質的に善悪を内在させているのではなく、善ないし悪をなす神として現れ、機能するだけであり、具体的機能に善・悪が現れるのであって、実体的な善・悪があるのではないということになる。その理論的帰結として丸山は、日本の天皇制との関係を以下のように説く。実体よりも活動・作用の重視は、まつる対象よりも、まつる行為そのものが重視されることになり、まつる対象である神よりも、まつる主体である祭祀者に力点が置かれることでもある。そこから祭祀の統率者としての天皇の神聖性（神格化）が生じるのであると。具体的な機能そのものに善・悪の最大の基準があり、実体的な善・悪があるのではないという思考の帰結であった。

丸山は、日本の倫理意識の「古層」を以上の三点にまとめたのである。

「古層」の内容――歴史意識

神が普遍的な規範として自立しないアニミズム的思考においては、歴史（時間）は、過去から未来への無限の流れにすぎず、歴史を超越した「永遠」も「絶対者」もないことになる。永遠とは単なる時間の無限の延長にすぎず、現在は過去の生成の結果にすぎない。また未来は現在からの発射・噴出であり、「目的」「終着点」としてのユートピアはない。生成・生育・生殖という自然的・事実的経過がそのまま肯定的に尊重される。その自然の流れが美しく麗しいのである。生成・生育・生殖こそが生の本質であり、同時に価値の本源であるとされる。その経過（流れ）を促進する作用が「よい」ものの、それを阻害するものが「わるい」ものという価値意識が生じるのである。これを丸山は「生成のオプティミズム」と呼び、日本人の「世界像（コスモス）」（歴史意識）は、「生成のオプティミズム」で貫かれているとするのである（一九六四年度講義）。

そこから丸山は、「歴史意識の『古層』」論文において、以下のように三つの歴史意識の「古層」を抽出し、定式化した。

①「なる」「なりゆく」

丸山は、一般的に歴史意識（世界像）の類型を、「なる」（生成）、「うむ」（生殖）、「つくる」（創造）という三類型に分類する。

主体が明確に存在し、主体と客体が対立している「つくる」という語は、世界と万物は人格的創造者によって一定の目的でつくられたとするユダヤ＝キリスト教系列の世界創造神話に典型的な歴史意識である。そこでは主体である唯一神と客体である一切の被造物とは絶対的に断絶している。

また主体と客体は対立せず連続しているとはいえ、主体が明確に存在する「うむ」という語は、世界と万物は神々の生殖行為で生まれたとする歴史意識である。

しかし記紀神話に最も明確に現われている日本の歴史意識は、そうした「つくる」というのでもなく、また「うむ」というのでもなく、主体と客体が連続し、かつ主体そのものが存在しない「なる」という観念であり、世界と万物は世界に内在する神秘的な霊力の作用で具現したものであるとする歴史意識である。もちろん記紀には「うむ」という範疇も現れているが、「なる」発想が「うむ」論理にも浸透しているとする。そこから「古層」を通じてみた宇宙は、永遠不変なものが「在」る世界でもなければ、「無」へと運命づけられた世界でもなく、まさに不断に「成り成」れる世界にほかならないとして、「なりゆく」としての歴史意識を抽出し、これこそ歴史的推移を表現する「古層」だとするのである。従って祭祀がめざすものは、自然の豊穣なエネルギーを享受することであり、またその背後には、自然はそうしたエネルギーを持つという「自然的生成のオプティミズム」があるとする。

②「つぎ」「つぎつぎ」

二つには、『古事記』冒頭における、出現した神々を紹介する際に、「次」という言葉の多用（「次に……次に……」）という点から考察を加え、「つぎつぎ」という歴史意識の「古層」を抽出する。「つぎ」ないし「つぎつぎ」は、世界が時間を追って連続的に展開するという観念である。その象徴的表現が、血統・「家系」の連続性、非中断性の観念であるが、それだけでなく、業績や行動の連続的継起を表現する場合にも用いられるとする。この「つぎ」「つぎつぎ」という語は、「講義」の時には、言及されなかったが、後の「歴史意識の『古層』」論文で、抽出し定式化されたものである。

③「いきほい」

三つには、「いきほひ」という語で表現される歴史意識である。「いきほひ（勢）」とは、人間の自由意志や知力を超えた、歴史（時間）の推移に内在するものと観念され、後の時代に「時勢」、「天下之大勢」、「自然の勢」といった概念が形成されるのであるが、それは時間の経過とともに一定の方向への「いきほい」または「はずみ」＝「機」がついて、ある段階に達すると、その運動方向を転じさせたり、いわんやそれを逆流させたりすることが、もはやその時点では不可能になる、という認識が含まれている。「状況そのもののなかにエネルギーがやどり、活動して動いている。それにわれわれは従わねばならない」というアニミズムが明白にあらわれている。丸山は触れているわけではないが、山本七平の言う「空気」（『空気の研究』）との類似性を指摘できよう。こうして「いきほい（勢）」という歴史意識の「古層」を抽出するのである。それが「古層」であるがゆえに、その後、日本では、治乱興亡の歴史を表現するもっともポピュラーな用語として、「時勢」「天下之大勢」「自然の勢」という語が流通していくのである。

以上のように、日本の歴史意識の「古層」をなす執拗な持続低音としてひびき続けた思考様式の三つの原基的な範疇を抽出し、一つのフレーズにまとめれば「つぎつぎになりゆくいきほい」とし、すべてを「永遠の相の下に」（スピノザ）ではなく、つまりは超越的絶対者の存在という観念や永遠不変なものがあるという観念はなく、あるいはそうした超越的なものに基づく善悪といった価値判断の規範もなく、ただただ不断の変化と流転の相のもとに事物を見る思考が、日本の「古層」の歴史意識（世界像）だとするのである。

その帰結として、社会的行動様式においては、不断に変転する時間に乗りながら、いつも現在の瞬間を肯定的に生きるという「現在中心主義」が生じ、それは、「どうせ短い命なら面白おかしく世を送る」という「享楽主義」にも転化する。他方、出来事は人間が「起こす」ことよりも「起きる」ことであると考えるが故に、人間は歴史に働きかける主体であるよりも、歴史に適応する対象であるとする「成りゆきの時勢史観」や現状追随的な「機会主義」に傾斜することにもなる、と丸山は説くのである。

「古層」の内容――政治意識

①「正統性の所在と政策決定の所在の分離」

往々にして、古くはともに「まつりごと」といわれる政事と祭事は一致していたとして「祭政一致」が説かれるが（そして実際古くは日本のみならず世界中の「未開民族」の間ではそうであったと丸山は見るが）、丸山は、記紀における政事と祭事の用法を克明に調べた結果、記紀の段階では、それらは即時的に一致していたのではなく、政事と祭事は明確に分離され、政事は、祭事と機能的に区別された世俗的な事柄として意識されているとする。(3)

政事と祭事は異なるとはいえ、ともに奉（「まつる」）という「奉仕」、「服従」という観念をもつ同一な構造を持つものであった。その際、政事においては、政事の直接の主体が最高統治者（天皇）ではなく最高統治者から委任された行政幹部（記紀においては例えば天皇が派遣したオホビコノ命やヤマトタケル等）であり、行政幹部が一定の職務としての政事（具体的には国の平定、反逆者の討伐、外征、徴税等）を遂行し、それを最高統治者に奏上・覆奏する（＝「きこしめす」）ことが、全体としての「「政」「政事」（＝まつりごと）」の構造であったとする。つまり「「政」「政事」（＝まつりごと）」とは、行政幹部が最高統治者に対する職務の「奉仕」を意味するのである。政事は行政幹部が天皇に奉仕する（「まつる」）ことであったとすれば、他方、祭事は天皇が神に奉仕する（「まつる」）ことであり、両者は、ともに上位者への「奉仕」（まつる）という点で、同じ構造をもつものであった（「祭事と政事の構造的照応」）。行政幹部は「まつりごと」を行ない、最高統治者（天皇）は君臨（reign）して、「まつりごと」を「きこしめし」、「しらしめす」のである。

そしてそこにこそ二重統治（最高統治者と実質的権力行使者による二重統治）の「原型」が示されていると丸山は見なすのである。なぜならそこには最終的な権力（争点の決定者）がどこにあるか、その所在が明確に確定されないのであり、支配の主体と客体が不明確だからである。政治的決定過程における権威の源泉と権力の行使者との分業という間接統治・二重統治のパターンをうむ一つの源泉はその点にあったのである。そうした統治は、意図的になされる場合もあったであろう、例えば実力者の神聖化を防止する工夫として、また決定責任を回避する工夫として、あるいは実力者がカーテンの陰に隠れる工夫としてあったたかもしれない。しかしそうした工夫を可能にしたのも、最終的な権力の所在の不明確さという点に源泉があったからだった。

例えば同じ律令制とはいえ、中国の律令制は、皇帝が万機を統率する単独統治（モナーキ＝モノ・アルキア）であるのに対して、日本の律令制は、天皇と各省の間に中国にはない太政官を介在させ、正統性の源泉としての君主と、実質上の最高意思決定機関とを制度的にも分離する、「正統性のレヴェルと決定のレヴェルの二元的分離」（「至尊」と「至強」の分離）という方式であり、それは律令制が崩れた後もそのまま保持され、幾重にも細分化されて反復出現したのである。卑弥呼と男弟、神功皇后と武内宿禰、推古天皇と聖徳太子の時代から、藤原氏の摂関政治、皇室内部における二重支配である院政、権威と権力の分業が極限化した武家政治を経て、近代国家にいたるまで、さらには政治団体だけなく、様々な団体のレベルでも、日本の政治において一貫して持続したものであった。こうして丸山は、日本政治の第一の「古層」として、「正統性の所在と政策決定の所在の分離」を抽出するのである。

②「決定者の非公式化、「みうち」化現象」

日本政治の第二の「古層」は、第一の「古層」の帰結であり、「決定者の非公式化、「みうち」化現象」である。摂関制でも院政でも、その内部で「正統性の所在と政策決定の所在の分離」が起こり、実際の決定者が、摂政・関白ないし院自身ではなく、非公式化あるいは「みうち」化現象が起こることにあるとする。摂関の場合には側近である「家司《けいし》」、院の場合には「院司」、鎌倉執権の「内管領」、室町関東公方の「執事」、つまりは私的な家政機関が実質的な決定権を行使するパターンが繰り返し現われる。そこでは、西洋や中国と反対に、政事が下から上への方向で定義される。その病理現象としては決定の無責任体制となり、よく言えば典型的な「独裁」体制の成立を困難にしているとするのである。

「古層」論と「土着世界観」論

こうした丸山の説、とりわけ「古層」論として最初に公刊された「歴史意識の『古層』」論文は、大きな反響を呼び、その後様々に議論されることになる。批判者たちからは、「日本的なるもの」を実体化し日本民族の一貫性と等質性という「単一民族神話」を、現代において再生産する張本人だとまで非難されるのである。ここでは、丸山に対する批判的な論考を含むものとして、『現代思想　特

集　丸山眞男』（一九九四年一月号）、大隅和雄・平岩直昭編『思想史家　丸山眞男論』、およびその反批判としての側面をも持つ田中久文『丸山眞男を読みなおす』、冨田宏治『丸山眞男「古層論」の射程』を挙げておきたい。田中の書は、丸山の思想と学説の発展過程を手際よくまとめ、丸山批判への反批判ともなっており、冨田は、批判者の批判が丸山「古層」論の「誤解」と「誤読」、「無理解」に基づく「不当」なものとしている。実際丸山の議論が、「日本的なもの」の実体化とは程遠いものであることとは明らかであろう。本書は、加藤の「土着世界観」論をテーマとするものであり、丸山の「古層」論批判に関する議論の詳細にはこれ以上立ち入らない。

ともあれこの「古層」論は、加藤に対しても大きな影響を与えている。加藤は丸山との対談「歴史意識における〈古層〉」（加藤周一対談集②、『現代はどういう時代か』所収）の冒頭で、以下のように述べている。

ぼくは今度の丸山さんの「解説」（「歴史意識の『古層』」論文を指す――筆者注）を読んで実に面白かった。丸山さんが「古層」という言葉でいっていることは、持続低音として続いているというわけでしょう。主旋律は時代によって違う。それはたいてい外からのインパクト。まあ簡単にいえば、仏教と儒教と西洋思想ですね。それとの接触から出てくる。しかし、持続低音はずっと同じ調子で続いている、という考え方でしょう。この解説では歴史意識について言われているわけですが、ぼくは非常にうまい比喩だと思う。日本文化史のすべての面について、そういえるのじゃないかと思うんです。

丸山の言う日本の歴史意識とは、超越的な「永遠の相の下に」見る思考ではなく、次々に移りゆく日常的な「タンジブル」な相に世界を見る日常的な思考である。倫理意識とは、普遍的な善と悪という価値に基づく思考ではなく、所属する特定の共同体という特殊的価値に基づき、その共同体そのものや共同体内部の人々に対する「心の純粋さ」を重視する特殊主義的倫理である。(4)

それらはともに、世界観における〈射程〉については〈超越的ではなく日常的〉であり、〈価値〉においては〈普遍的ではなく特殊的〉であることは丸山の論述が示すとおりである。日常的なものに視点が限定されるという点で、その〈思考〉は〈抽象的ではなく具体的〉であり、具体的事物を越えた全体を見ることができないという点で、その〈視点〉は〈全体的ではなく部分的〉である。丸山が提示した「古層」とは、その性格において、加藤の言う「土着世界観」と同一のものであると言ってよいだろう。ただ加藤は「土着世界観」の内容には踏み込まず、その性格に限定して論じたのだが、丸山は歴史意識、倫理意識、政治意識の領域で、「古層」ないし「執拗低音」の具体的な内容にまで踏み込んでいる。とはいえ丸山自身が述べているように、それらは「古層」の内容の全体像ではなく、断片的なものにすぎないだろう。他方、加藤は「土着世界観」を、その性格に限定し、それをよりいっそう明確に示したものと言えよう。

また外来思想の変容のパターンについては、丸山は様々な事例を詳細に説いているとはいえ、加藤

は既述のように、

Ⅰ〈射程〉における〈超越性の排除と日常性への集中〉

Ⅱ〈視点〉における〈全体性の解体と部分性への還元〉

Ⅲ〈思考〉における〈抽象性の切捨てと具体性への集中〉

Ⅳ〈価値〉における〈普遍性の排除と特殊性への固執〉

としてまとめ、丸山よりも一層明確に定式化していると言ってもよいであろう。

ところで、ここで留意すべきは、丸山が言う「古層」は、日本の「古層」（「日本的なもの」）として示されたのではあるが、私は、それらが必ずしも日本に固有なもの（「日本的なもの」）ではないであろうと考えたい。以下、本書の狙いである私の「仮説」（詳しくは第五章）の一つの導入部となる。

「つぎつぎになりゆくいきほい」として定式化した歴史意識は、すべてを「永遠の相の下に」ではなく、むしろ不断の変化と流転の相のもとに見るものであったが、それは、多くの「未開」民族の間に見られるものであろう。なぜなら「永遠の相の下に」事物を見る思考は、当然に「超越的普遍者」と「超越的・普遍的・包括的・抽象的」な思考を必要とするからである。

また倫理意識についても、丸山の言う「集団的功利主義」は、自己の属する特定の共同体を対象としたものであり、集団とは必ずしも水田稲作を行なう村落共同体に特有のものではなく、人類の原初的な共同体においては、「日常的・特殊的・部分的・具体的」な思考を持つ世界中の「未開」民族の間に広く見られるものであろう。また「心の純粋性」としての「きよきこころ・あかきこころ」も同様に、個人が自立していない原初的な共同体においては、集団生活における即時的な意識として、他者から見て透明な後ろ暗いところがない心の状態を尊重することは、おそらく「未開」民族の間にどこにでも見られた人類に共通な倫理意識に他ならないであろう。また「活動・作用の神化」にしても、それがまさにアニミズム的思考を意味するものであり、アニミズムを持つ「未開」民族の間に広く見られるものであることは言うまでもない。以上の点については、文化人類学の成果による裏付けを必要とするが、ここでは仮説として述べておきたい。

また「正統性の所在と政策決定の所在が分離」している「二重王権」としての政治意識についても、文化人類学者のベネディクトが『菊と刀』の中で指摘しているように、南太平洋諸島の「未開」民族の間でしばしば見られる「神聖王権」と同様なものであった。ベネディクトは次のように記している。

実は日本人が天皇について抱いている観念は、太平洋諸島においてときどき見いだされる観念と同じものである。彼はあるいは政治に関与し、あるいは関与しない神聖首長（Sacred Chief）である。

ニュージーランド諸部族の間では、神聖首長は神聖不可侵であり、――〈略〉―サモア島やトンガ島などでは、神聖首長は、世俗生活には全く関与しなかった。世俗的首長（Secular Chief）が政務一切を執り行った。十八世紀末に東太平洋のトンガ島を訪れたジェイムズ・ウィルソンは、その政治体制を「日本の政治体制に最もよく似ている」と書いている。トンガ島の神聖首長たちは公務からは遠ざけられていたが、宗教的任務は行っていた。

以上のように、丸山の言う「古層」とは、必ずしも「日本」だけの「古層」というものではないであろう。既述の冨田宏治は、丸山の「古層」論が決して「民族的個別性」でも、実体化された「日本的なるもの」でもないのであって、何処においても見られたはずの〈人類史的〉基層に位置づけられるべき原初的普遍性をもつ「未開の野生」ないしは「太古の祖型」（ベンヤミン）であると主張するが、私もまたその主張に同意したい。なお丸山の「古層」論に関して冨田と私には一部に見解の相違があるが、本書は加藤の「土着世界観」論をテーマとしているのであり、丸山の「古層」論にかかわる冨田との相違の議論はここでは省略したい。ともあれ、冨田が、丸山の「古層」に、「〈人類史的〉基層に位置づけられるべき普遍的な「未開の野生」」を見ようとしているように、私は、加藤の「土着世界観」においても、同様に普遍的な「未開」の世界観を見ようとするのである。

4　中村元の「仏教の日本化」論

中村元『日本人の思惟方法』

加藤周一も丸山眞男も、外来思想の「日本化」の過程に、〈日本的なもの〉を追求しようとした。

加藤や丸山より以前に、外来思想の中でもとりわけ仏教（付随的に儒教も）を取り上げ、その「日本化」を包括的かつ詳細に説いたのが、中村元の『日本人の思惟方法――諸文化現象、ことに仏教の受容形態にあらわれた思惟方法の特徴』である。この書は、長期に渡り改稿を重ねているとはいえ、最初に刊行されたのは一九四八年であり、ベネディクトの『菊と刀』が邦訳刊行された年と同年である。丸山も加藤も、おそらく本書から大きな影響を受けていると思われる。実際、中村の説が、以下に見るように加藤の説と極めて類似した説であり、加藤の「土着世界観」論をより一層補強しうるものと考えられる。中村も丸山も加藤もともに、超越的・普遍的な外来思想の「日本化」の過程から、〈日本的なもの〉を追求したからである。中村は「日本人の思惟方法」を、丸山は「日本の古層」を、加藤は「日本の土着世界観」を。以下、中村と加藤との類似性が数多く見られ、加藤の「土着世界観」論の論証ともなっている故に、煩雑ではあるが、中村の説を詳細に追ってみよう。

中村は、日本人の思惟方法の特徴を、言語をはじめとする様々な文化現象から抽出して取り出し、そうした思惟方法が、主として普遍的宗教である仏教を、さらには儒教を、日本に受容されるにあたっていかに変容させているか（仏教の「日本化」や儒教の「日本化」）を考察する。その変容の仕方が、逆に中村の言う日本人の思惟方法の特徴を証明することにもなっているのである。

こうした方法は、丸山眞男や加藤周一が、外来思想の受容の変らぬ一定のパターンから、日本の思考の特徴を導き出しているのと同様な方法である。その際、中村はその専門とする仏教の膨大な経典等を広く渉猟し、多くの経典の中でも、日本の思惟方法に見合った経典が選択して受容されたこと、また受容された経典が日本的思惟によって解釈が変容したこと、ひいては本来のインド仏教が日本においていかに変容したかを、インド、シナ（現在では「中国」と表記するのが一般的ではあるが、中村は最初に書かれた時代の表記である「シナ」をその後も踏襲している）、チベット、セイロン、東南アジア、韓国といったアジア諸国の仏教と幅広く詳細に比較しながら論じているのである。

「与えられた現実の容認」

中村は、日本人の思惟方法の最も基本的な特徴として、第一に「与えられた現実の容認」、第二に「人間結合組織を重視する傾向」、第三に「非合理主義的傾向」という三つの性格を挙げ、さらにそれぞれの思惟方法の特徴を論じていく。

第一の「与えられた現実の容認」について、中村は次のように説く。「日本人の思惟方法のうち、かなり基本的なものとして目立つのは、生きるために与えられている環境世界ないし客観的条件をそのまま肯定してしまうことである。諸事象の存する現象世界をそのまま絶対者と見なし、現象をはなれた境地に絶対者を認めようとする立場を拒否するにいたる傾きがある」と。後の章でも、十六世紀のキリシタン宣教師フロイスの言葉を引用して、「眼に見、手に取るべき具体的見証でなければ承引しない」というのが、一般日本人のものの考え方であった、と中村は付言する。まさに加藤の言う「タンジブルな」世界という射程である。そこから生じる思惟方法を、中村は以下のように整理している。

①「現象界における絶対者の把握」

現象界を超えたところに超越的な絶対者を求めるのでなく、現実の個々の現象そのもののなかに絶対者を求めるアニミズム的な思惟方法を持つ。

そうした思惟方法による仏教や儒教の変容を、中村は様々に論じているが、本稿では仏教変容の一例だけを記述し、儒教については省略する（以下も同様であって、仏教の変容の一例だけを挙げる）。インドの仏教哲学では、生きとし生けるものは明知によって解脱しうるのであって、草木が草木のままで成仏するという思想はなかったが、日本仏教においては、「草木国土悉皆成仏」が強調されるに至った。

②「現世主義」

いかなる事物にも神聖性と存在意義を認めようとする思惟方法は、あるがままの現世そのものの意義を認め価値をおく「現世主義」に帰結する。

本来の仏教では現世そのものからの離脱こそが望ましいものであったが、日本仏教は現世中心的なものに変容し、祈禱呪術を通じて現世利益を求めるにいたった。

③「人間の自然の性情の容認」

現状肯定的思惟は、あるがままの人間の自然の欲望や感情をそのまま承認し、それを抑制しようとしない思惟方法にいたる。

本来の仏教では人間の喜怒哀楽の感情を消滅することが理想であり、肉食、飲酒、結婚等を禁じるなどの多くの戒律があるが、日本仏教においては欲望を抑制する戒律がほとんど全面的に放棄された。こうした仏教の事例は東洋の他の国々には存在しなかった。

④「人間に対する愛情の強調」

人間的自然を尊重することから、身体をそなえた現実の人間に対しても愛情をもって対することになり、身体をいたわる思想が顕著になる。

池や井戸を掘り、病人のために医薬等を提供する「慈悲」行は、本来の仏教では世俗的なものとして重要な意義を持たなかったが、日本仏教ではこうした「慈悲」行が強調された。

⑤「寛容融和の精神」

現象界のすべてのものにその絶対的意義を認めることは、現実世界のすべての思想にその存在意義を認める寛容の精神をもたらす。

日本仏教においては、幾多の仏教宗派の存在を認める寛容や神仏習合思想が見られる。

⑥「日本文化の重層性と対決批判の精神の薄弱」

この寛容で包括的な性格から生じるのが、衣食住の日常生活や芸術の様式、信仰様式等における「日本文化の重層性」であり、その反面で新旧の様式の間で徹底した理論的・批判的対決精神の薄弱である。

「人間結合組織を重視する傾向」

第二の「人間結合組織を重視する傾向」もまた第一の「与えられた現実の容認」に即応する。与えられた社会的現実とは、自らが所属する共同体という「タンジブルな」集団であり、これを中村は「人間結合組織」と呼ぶ。ここで言われているのは、いわゆる「集団主義」であり、そうした日本人の思惟方法を、中村は以下のように整理している。

①「人間関係の重視」、「道徳的反省の鋭敏」

礼儀作法を重んじ、敬語の用法が複雑豊富に発達している点に見られるように、日本人の思惟においては人間関係が重視される。さらには、個人の存在よりもむしろ個人と個人の間柄を注視することから、人間相互の間柄に関する感受性、ひいては人間関係に即した道徳的な信頼関係に対して敏感になる。これを中村は「道徳的反省の鋭敏」と称する。

人間結合組織を形成するために最も必要な「正直」という徳は、仏典のうちにわずかに散説されている程度であるにもかかわらず、日本仏教ではとりわけ重要視され、ひいては鈴木正三のように、仏教とは正直の実践であるという主張が生まれるまでになる。このような主張はインドにもシナにも存在しない。

②「個人に対する人間関係の優越」

日本では、人間を孤立的な個人と見なすのではなく、個人と他の個人との間柄、両者の係り方を重視し、個人がその所属する共同体から明確に区別して意識されない、という思惟方法が見られる。

原始仏教では、個我と個我との対立の問題について深い考察がなされたが、日本仏教においては、例えば道元が強調した「自他一如」のように「自他融即の見地」に立っていた。

③「有限なる人間結合組織の絶対視」、「家の道徳の尊重」、「国家至上主義」

具体的で特殊な人間結合組織を超えた学問的真理や芸術など普遍的なもののために命を捧げるよりも、所属する具体的な人間結合組織のために自己を捧げるという道徳思想が働いている。そうした「人間結合組織の絶対視」からは、最も身近な人間結合組織としての家を重視し、祖先崇拝を重視する（「家の道徳の尊重」）。さらには人間結合組織の重視はその極点として「国家至上主義」が生じるにいたる。

インドやシナの普遍的宗教としての仏教は、もともと人間関係を超越する思想や教義を重視するのに対して、日本仏教では思想や教義よりも、小さな単位集団としての教団の利害が主要関心事であった。また「家の道徳の尊重」に関しては、本来、仏教のものではなかった年忌の習俗が、日本では中国以上に複雑に形成され、日本仏教では葬儀と並んで追善供養が仏教行事の主要なものとなっている。さらに「国家至上主義」に関しては、インドの仏教徒は、しばしば国王を盗賊と見なし、国家の権力支配を離れて、自分たちだけの理想社会を建設しようとしたが、日本では現実の日本国家を絶対視し、仏教は国家を守護する点に意義があるとして受容された。

④「階位的身分関係の重視」

日本では、人間結合組織の内部での主従関係ないし階位的身分関係が重視された。

もともと仏教は平等を説き、階級間の身分的区別を否認するという根本的立場をとっていたが、日本では、身分関係を前提とする非仏教的な「忠・孝」思想を強調するように変容した。

⑤「特定個人に対する絶対帰依」、「権威の尊重と外国崇拝」、「帝王崇拝」

日本人は人間結合組織をインド人やシナ人のように抽象的に理解せず、その組織の具体的な生ける個人である代表者に即して理解しようとすることから「特定個人に対する絶対帰依」が生じる。

原始仏教では「弟子もなく、師もない」という個人主義的色彩が強いものであり、普遍的抽象的な理法を重視するものであったが、日本仏教では、特定の具体的個人である師（特に教祖・宗祖）の権威の絶対性を強調するにいたる。

師に対する絶対的帰依の態度は、おのずから一般的には権威に対する絶対的随順の態度となってあらわれ、また日本文化の源泉としての外国文化を高く仰ぐ「外国崇拝」が生じる。さらには特定個人への絶対的帰依は、その極点としての「帝王崇拝」（天皇崇拝も将軍崇拝も一括して「帝王崇拝」とする）となっても表れることになる。

⑥「宗派的・派閥的閉鎖性」

普遍的な教理よりも、限定された具体的な人間結合組織としての個別的な教団そのものを重視する傾向、一般的には理念よりも人間関係を重視する傾向から、「宗派的・派閥的閉鎖性」がおのずと生じる。

インド仏教においても多数の部派があるが、それらは教義の相違に由来する学派であるのに対して、日本仏教においては、教義よりも人的な本寺末寺関係等の排他的・閉鎖的な宗派が分立している。

⑦「力による人間結合組織の擁護」

人間的結合組織の絶対視は、その組織の擁護と発展が絶対的意義を持ち、その存立が脅かされる場合には、武力の使用が、善か悪かという倫理的な反省なしに、武力でもってでも自らの組織を守ろうとする。

本来の仏教は武力を極力拒否するものであり、仏教教団が武力を使用したことは、インドにもシナにもその例がなかったが、日本仏教の大寺院には多数の僧兵さえ存在した。

⑧「社会生活における活動の強調」

具体的な現象面を注視し、個別的な人間結合組織を重視することから、世俗的な社会生活における活動を強調することになる。

本来の仏教は「出世間」の教えであり、「世間」を超えたところに絶対の境地を認めるものであるのに対して、日本仏教では、日常生活の個々の実践的行為のうちに意義を見いだし、ひいては各職業における勤労の意義を強調するにいたる。

以上のように整理しながら、中村は、そうした思惟方法は、個別的な人間結合組織を超えた神の観念があらわれず、人間と区別された神ではなく、神の地位も人間によって定まり、人間との関係に基づいてその地位も上下させられ、その結果として、仏教においても、日本の仏教教団は世俗的権力に対して極めて屈従的・妥協的なほどに隷属していたと説く。

「非合理主義的傾向」

第三の「非合理主義的傾向」については、中村は以下の諸特徴を挙げている。

①「非論理的性格」、「論理的斉合性ある思惟能力の欠如」、「論理学の未発達」

日本語本来の和語では、抽象名詞の構成法の未確立、関係代名詞の使用等による論理的文脈構成の欠如、頻繁な主語の省略や主語転換、表現しない部分が積極的な意味を持つ表現法、抽象的普遍的な表現の未発達等々に示されるように、日本人は「非論理的性格」をもつ。またそれに即応して、普遍的な理法を個別的な事例をまとめるものとして構成するという思惟が働かないという意味での「論理的斉合性ある思惟能力の欠如」や「論理学の未発達」が生じる。

仏教経典がついに日本では翻訳されることがなかったという日本仏教の特徴は、一つには本来極めて論理的・抽象的なインド仏典を非論理的な和語によって翻訳することが困難であったからである。「論理的斉合性ある思惟能力の欠如」に関しては、日本では仏教の中でも三論宗等の哲学的・理論的な宗派は発達せず、もっと実際的な宗派が受けいれられた。また「論理学の未発達」に関しては、仏教の論理学である「因妙」は、早くに日本に移入されたが、それは主として表現技術として用いられ、また護教的精神のもとに訓詁注釈的に研究されて、普遍的な命題を人間関係から切り離して抽象的に考えるという論理学的に学ばれたものではなく、また一般仏教界には広まらなかった。

②「直観的・情緒的傾向」

人的結合組織を重視することから、人間相互の間柄に敏感になり、相手の感情を傷つけないように配慮が働くことによって「直観的・情緒的傾向」が生じる。

仏教の抽象的観念や一般的命題を、日本仏教では仏教和歌のように直観的・具象的な表現を用い、個別的事例に即して表現した。
③「複雑な表象を構成する能力の欠如」、「単純な象徴的表象の愛好」
日本人の思惟の範囲は、古来一般に、直観的・具象的な領域にとどまり、自然の秩序を超えた横溢する空想をたぎらすようなことはなく、「複雑な表象を構成する能力」を欠如していた。他方、日本では「複雑な表象を構成」するのではなく、逆に「単純な象徴的表象の愛好」という傾向を持つ。

日本仏教において、浄土教の流れが阿弥陀仏の名号を唱え、天台教学の流れが『法華経』の題目を唱えるという方向に単純化し、名号や題目という共に単純な信仰の象徴に頼った。「じつに哲学的理論の研究をとびはなれて、教理が簡単化され、煩瑣な教学体系を超脱して飛躍したのが、日本仏教のすがた」なのである。
④「客観的秩序に関する知識追求の弱さ」
人間関係を特に重視し、人間関係から切り離して事物を客観的に問題にしようとはしない態度は、客観的な領域をそれ自体として考察しようとする態度を成立させない。その意味で「客観的秩序に関する知識追求の弱さ」が日本人の思惟の特徴と言うことができる。

既述のインド仏教の論理学である「因妙」の受容の仕方にあらわれている。

中村は、以上のような日本人の思惟方法の特徴を整理しながら、その根底にはシャーマニズムという宗教が存在するとする。日本においても、アジア大陸と同様、古代の宗教形式は、もっぱらシャーマニズムであり、そのことは大陸の精神文化が移入される前の日本の宗教においては、巫女というシャーマンが中心的位置を占めていた事から伺えるとする。このシャーマニズムが、日本に受容された仏教の変容を規定していたのである。

本来の仏教はシャーマニズム的なものすべてを排斥するものであったが、日本仏教においては、初期における出家者は尼僧の数が相対的に多い点で、シャーマンとしての巫女につながるものであり、また仏教は「祈禱による効験」をもたらすものと解され、延命長寿、病気平癒、災害除去が求められたのであって、「日本仏教は一般に祈禱を主とする」シャーマニズム的・呪術的性格を持つものであった。その祈禱を殊に主とするのが密教であり、「少なくとも明治維新以前においては、真言密教が圧倒的に優勢」となったのであって、それが日本仏教の一つの特徴ともなる。祈禱に頼ろうとする日本人一般の思惟傾向は持続し続けるのである。

また日本仏教が葬儀を重んじる傾向についても、本来の仏教では出家修行者が世俗的儀礼としての葬儀に関わることはなかったが、日本仏教では、亡霊の冥福は仏教の法力によって得られるとされ（=祈禱による効験）、原始仏教では軽視された葬儀こそが日本の仏教教団の最も主要な職務となっているのである。さらには既述の仏教経典が日本では翻訳されなかった件についても、そのもう一つの理由は、経典の内容を理解せずとも、抑揚や調子をつけて呉音のままに読誦することが、呪術的な効験があるとされたからであった、と中村は述べている。

以上のような中村による日本人の思惟方法は、「現実の容認」、「人間の自然の性情の容認」、「寛容融和の精神」、また「人間関係の重視」、「個人に対する人間関係の優越」、「階位的身分関係の重視」、「権威の尊重」、「派閥的閉鎖性」といった「集団主義」、さらには「非論理的」、「直観的・情緒的傾向」等、それらは中村元が初めて指摘したものではないにしても、実証的包括的に指摘することによって、その後の日本人像を形成し、今日まで影響を与えてきたと言えよう。

中村の「仏教の日本化」論と加藤の「土着世界観」論

中村の説くところを煩瑣なほどにまとめてきたが、それは多くの論点に渡って、加藤の説を先取りするものがあるのは明らかであり、また丸山や加藤の説く「外来思想の変容（日本化）」を、実に多くの具体例を示しながら証明しているからである。加藤は、多くの具体例を丸山から学ぶ以上に、中村から学んでいるように思われる。

中村説で第一の「与えられた現実の容認」で説かれているのは、日常のタンジブルな現象世界を超えた超越的世界を認めないという思惟方法であり、まさに「土着世界観」のI〈射程〉における〈超越的ではなく日常的〉に対応している。またそこから生じる「現世主義」および「日本文化の重層性」も加藤の指摘するところである。

第二の「人間結合組織を重視する傾向」は、従来の「日本文化論」が強調し、加藤も日本文化の特質として挙げたいわゆる「集団主義」の諸特徴を論じたものと理解することができる。そこで挙げられた「人間関係の重視」、「個人に対する人間関係の優越」、「有限なる人間結合組織の絶対視」、「家の道徳の尊重」、「階位的身分関係の重視」、「派閥的閉鎖性」などは、その後の「日本文化論」でもしばしば主張された点であり、「集団主義」の諸特徴とされてきた。しかもその「集団主義」の根拠として、中村が、普遍的な理念よりも具体的な人間関係を重視すると説くとき、また具体的で特殊な人間結合組織を超えた普遍的な価値のために自己を捧げるよりも、所属する具体的な集団のために自己を捧げるという道徳思想が働いていると説くとき、「土着世界観」のⅣ〈価値〉における〈普遍的ではなく特殊的〉と同様なことを述べたものと言えよう。

第三に「非合理主義的傾向」について、中村が、「非論理的性格」、「論理的斉合性ある思惟能力の欠如」、「論理学の未発達」と説くとき、「土着世界観」のⅢ〈思考〉における〈抽象的ではなく具体的〉な思考と同様なことを述べているのであり、また普遍的な理法を個別的な事例をまとめるものとして構成するという思惟が働かないという意味での「論理的斉合性ある思惟能力の欠如」や「複雑な表象を構成する能力の欠如」を言うとき、その視点は複雑な全体にまで及ばず、それは、「土着世界観」のⅡ〈視点〉における〈全体的ではなく部分的〉な面と同様な点を述べていると言えよう。全体・包括・体系を求めて抽象的に思考するのではなく、部分・個別・断片に即して具体的に思考するところに、中村の指摘する「非論理的性格」、「論理的斉合性ある思惟能力の欠如」、「論理学の未発達」、「客観的秩序に関する知識追求の弱さ」といった日本人の思惟が生じるのは、当然であろう。そこでの思惟方法は、感覚的・実際的となるのであり、中村の説く「直観的・情緒的傾向」、「単純な象徴的表象の愛好」に帰結するのである。

しかも中村は、こうした思惟方法の基底的要因として、シャーマニズムを挙げている。このシャーマニズムが、本来の仏教を日本的仏教に変容させた要因であるとするのである。

こうして中村の言う日本人の思惟方法は、「土着世界観」と同様の構造を持つものであり、しかもそれはアニミズムやシャーマニズムを背景に持つものだという点においても「土着世界観」論と同様なのである。そのことを中村は、主として仏典の広範な渉猟に基づいた仏教の変容（「日本化」）に基づいて論じたのである。仏教とは（儒教も）、「超越的・全体的・抽象的・普遍的」思想であり、それが日本の「土着世界観」により変容したのが、日本仏教に他ならないとしているのである。


【注】

（1）成田龍一は、その労作『加藤周一を記憶する』の中で、加藤の「『日本文学史序説』は、静態的・構造的、日本文化論的な方向で議論がなされることがあります（近年では、田口富久治の「丸山眞男の「古層論」と加藤周一の「土着世界観」」…〈略〉…、など）。しかし、そこに封じ込めてしまっては、この作品のもつ喚起力があらぬ方向にもって行ってしまうでしょう」と、田口論文を批判している。この批判はもちろん本書に対する批判ともなる。しかし私は（田口もそうであろうが）、「封じ込め」るという言葉は適切ではなく、「あらぬ方向」ではないと考えている。『日本文学史序説』は、これまでに著された多くの「日本文化論」の中でも最も優れたものの一つであり、その冒頭論文「日本文学の特徴について」は、加藤の「日本文化論」

の総括ともいうべきものである。まさに「日本文化論」として読むことが、加藤自身の意図にも沿うことであろう。

（2）講義内容の変遷や「歴史意識の『古層』」論文への発展については、『丸山眞男講義録［第六冊］日本政治思想史1966』での平石直昭の「解題」、および冨田宏治『丸山眞男「古層論」の射程』に詳しい。

（3）丸山は、祭事とは、祀事の中で「供物を捧げる」という一つの行動を意味するのであり、本来は「祭事」というよりも「神事」もしくは「祀事」とすべきだと主張しているが、ここでは煩雑を避けるため「祭事」の語をそのまま使用することにする。

（4）丸山や冨田は、「集団的功利主義」は水田稲作に基づく集団に特有なものと見るが、水田稲作以前の「未開」民族の集団にも当然妥当すべきものであろう。また両者は、「集団的功利主義」が「特殊主義的」倫理であり、「心の純粋さ」は「普遍主義的」倫理と見るが、「心の純粋さ」もまた特定の集団の成員に向けられた「特殊主義的」倫理と見るべきであろう。

第四章　加藤周一における「土着世界観」論の展開

1　「土着世界観」の時間論

時間観念の類型

日本文化の二大ジャンルが文学と美術である以上、日本文学史を書き上げた後に、加藤が日本美術史の総仕上げに向かったのは当然であろう。その成果が第二の主著である『日本　その心とかたち』（初出は一九八七―八年のＮＨＫの番組）である。その著には、随所に日本美術に関する加藤の該博な知識と鋭い知見（特に水墨画、琳派、茶陶、浮世絵木版画）が見られるが、「土着世界観」論に関して新たに付け加えるものはほとんどない。『日本文学史序説』において、「土着世界観」の基本性格はほぼ語りつくされたと言ってよい。

むしろ加藤の新しい展開は、世界観を構成する重要な要素である時間観と空間観から、あらためて「土着世界観」の性格を捉え直そうとする方向に向かうのである。宗教学者の脇本平也によれば、世界観、特に根源的な宗教的世界観は、人間を含めたこの世界が、「どこからきて、どこへ向うのか」を問う。つまりそれは、あらゆる宗教に備わる世界の起源神話に始まり、現に人々が生きているこの世をどうとらえるかという「現世観」と係り、さらに現世と異なる世界の空間的表象としての「他界観」、時間的表象としての「来世観」を指し示すのである。世界の起源・構造・運命という世界観の構成要素は、まさに時間と空間に係るものである（脇本平也『宗教学入門』）。こうしたことを加藤は必ずしも明示しているわけではないが、加藤にとっても、世界観の根本にあるのは、時間と空間の観念であったろう。

したがって加藤が向かったのは「土着世界観」における時間と空間についてのまとまった考察であり、それが彼の死の前年（二〇〇七年）に発表された第三の、そして最後の主著『日本文化における時間と空間』にまとめられる。それは、①「土着世界観」の性格、②「時間と空間」認識、③そこから派生する「精神態度」ないし「行動様式」、を含めた加藤の「日本文化論」の総まとめであったとも言えよう。

時間と空間の問題に関しては、『日本文学史序説』以前からも、それに関する考察は随所に見られたが、本格的に論じたのは『朝日新聞』連載「山中人閒話」の一九八二年十一月の「日本の伝統における空間と時間の概念」（『山中人閒話（増補）』）をはじめとして、一九九七年一月の「日本文化における時間と空間」（『加藤周一講演集2　伝統と現代』に収録）、そして死の前年の二〇〇七年三月に出版された『日本文化における時間と空間』である。

特に最後の主著を中心に、まず時間についての加藤の説を見てみよう。彼は時間観念を、四つないし五つの類型に分け、

①始めと終わりがある有限の時間（両端の閉じた直線としての歴史）

②始めがあり終わりのない時間（一端が閉じ進行方向が無限に向かって開いている直線としての歴史）

③始めがなく終わりのある時間（無限の直線が進行方向の一点で閉じる歴史）

④始めも終わりもない無限の時間

④-1 始めも終わりもない直線（無限の過去から無限の未来に向かう直線としての歴史）

④-2 始めも終わりもない円周上の循環（無限に循環する円環としての歴史）

とする。

加藤によれば、ユダヤ・キリスト教的時間の観念は、『旧約聖書』が天地創造から世界の終末を述べているように、①の始めがあり終わりがある有限の直線としての時間であり、これがユダヤ・キリスト教的時間の特徴であるとする。この時間観念のもとでは、現在の出来事の意味は、現在の状況との関係ではなく、過去と未来の出来事との関係において決まるのであって、その意味で、現在は過去と未来の全体のなかで「構造化」されることになる。

有限の時間においては、時間（歴史）の全体は一つの全体構造と考えられ、全体の構造との関係において、全体に対する部分である個別の現在の出来事の意味が定まるのである。これに対して時間（歴史）が無限の直線であるならば、全体がありえず、全体としての歴史が「構造化」されることが

ないのであって、始めと終わりがあってこそ、終わりは究極の目的となり、現在はその究極の目的のなかに位置づけられる。

したがって過去は「水に流す」ことはできず、未来は「明日は明日の風が吹く」といってすまされるものではない。絶えず目標に向かって前進するこの直線的な有限の時間の概念（「目標に向かう運動としての歴史」）が、ヘーゲル的、マルクス主義的歴史主義に到るまで、その後のヨーロッパの歴史意識を決定していると、加藤は説くのである。

古代ギリシア（ヘレニズム）の時間の観念は、主として④－2の円周上を無限に循環する時間である。そこでは宇宙的秩序のモデルは天球であり、地上から見る天体の配置は、時とともに変わるが、一定の時が経てば元の配置にもどる。それは、天体のみならず全ての出来事においても同様なものと見られ、すべての出来事はそれぞれの周期で繰り返されると考えられる。時間とは円周を動くように循環するものと考えられた、とするのである。

古代中国の時間観念の一つも、④－2の無限に循環する円環であり、盛衰の交代（例えば、禹王→湯王→文王という王道の交代）であり、それは宇宙的ではなく、人間社会の構造という点にギリシアとの違いがある。もう一つの時間観念は、④－1の無限の過去から無限の未来に向かう直線であり、天地の間に万物が去来し、光陰は去って再び帰らないとするものであり、その一刻（「今」）が貴重だということになる。

インドで創始された仏教、特に日本に到る大乗仏教は、その長い東漸の過程でそれぞれの地域の文化の影響を受け、様々な文化の要素が混在しているのであり、時間の観念は相互に矛盾する場合もあるが、以下の四つの時間観念を持っているとする。

第一は、④-2の無限に循環する円環であり、仏教の中心概念である「輪廻の思想」がこれにあたる。とはいえ輪廻転生は必ずしも同じ出来事の反復ではなく、生と次の生の関係は因果応報（出来事の前後関係）で決まるのであり、この点でそれは同じものの循環というよりは直線の前後の関係であり、その意味では輪廻の思想は、半ば円環的時間、半ば直線的時間と言うことができる。

第二は、③の始めがなく終わりのある時間である。それは六朝の北中国で普及しその後日本にも入った「ミロク信仰」に見ることができる。ミロクは遠い未来に地上にあらわれ、一切衆生を救うという一種の終末論であるが、無限の過去から有限の未来に向かう時間観念として見ることができる。

第三は、②の始めがあり終わりのない時間であり、唐代の中国にあらわれ、平安朝院政期の日本でも流行した「末法思想」に見ることができる。シャカの死を起点に末法の世（仏法の衰える未来）は一万年続くとされる一種の反進歩主義である。「一万年」というのは明確な期限であるよりも、いつまでも続くと同様の意味と考えられ、無限に続く時間観念とされる。

仏教の第四の時間観念は、この分類の外にあり、時間だけではなく空間も含めた時空間を「空なるもの」とする考え方であり、万物は一であり、過去・現在・未来は永遠の今であるとして、時間そのものを超越する観念である、とする。

日本の時間観念

これら対して日本の時間観念はどういうものか。加藤はまず『古事記』の時間観念に目を向け、そこに表れているのは、④-1の無限の過去から無限の未来に向かう直線としての時間であるとする。『古事記』「神代記」の冒頭（天地初めて発けし時……）には、天地は創造されたのではなく、一体化していた天地が分離したのであり、それは天地「創造」の神話とは見なしえず、時間の出発点を見出すことができないとする。それは、歴史的時間の始まりという意識ではなく単に無限の時間をさかのぼっての遠い昔というあいまいな観念だというわけである。「神代記」は国土と王朝の起源を語るが、時間の起源を語るのではなく、しかも時間の終わり、終末論を示唆するものは全くないとして、始めなく終りない時間直線であり、この時間の意識は、日本文化史を通じて根本的に変わらないとしている。

時間観念の議論から何が導き出されるのか。加藤によれば、始まりと終わりが有限であればあるほど（①が典型）、現在の出来事の意味は、現在の状況との関係ではなく、過去と未来との関係において認識され、現在は過去と未来の全体のなかで「構造化」される。他方、始まりと終わりが無限であればあるほど（④-1が典型）、全体というものが存在せず、現在は全体の中に「構造化」されることは決してなく、現在（「今」）そのものが重視されることになる。①のユダヤ・キリスト教的時間の観念と対極にある、日本の時間観念の無限直線の時間は、時間そのものが「構造」を持った全体として見ることができない。加藤の表現を使えば「構造化」することはできないのである。すべての事件は、時間直線上で次々に生れるのであって、それぞれの事件の現在＝「今」の継起が時間にほかならない。過去の事件の全体（＝歴史）が「今」の意味を決定するのではなく、また未来が「今」の目標になるのでもない。「今」が時間の軸における現実の中心になる。そこでは人は過去や未来とは関係なく「今」に生きるしかない。「今」の長さの定義はできず、さしあたって変化が起こらない範囲の時間とする他ないことになる。ここで一言付言すれば、時間観念についても、加藤は丸山眞男の大きな影響を受けているのであり、加藤が言う日本の時間観念は、丸山の言う「つぎつぎになりゆくいきほい」ということに他ならない。

なお加藤は、日本の時間観念として、農耕の自然的条件としての四季の循環を中心とする無限に循環する円環としての日常的時間（④―2）、さらに人生として、誕生という始めがあり死という終わりがある有限の時間（①）があることを説くが、四季への関心は他国にもあり、人生の有限的時間は人間の普遍的な条件である。それらは日本文化だけでなくどこにでもある時間観念であるから、ここでは省略する。

真木悠介の時間論

以上のような加藤の時間類型論には、実は問題が極めて多い。例えば真木悠介が『時間の比較社会学』で説いた時間類型論と比較してみよう。もともと真木のこの書は、近代の時間観念の問題性を中心主題とするものであるが、ここでは時間の類型論のみに焦点を絞って見てみることにしたい。真木は文化人類学者のエドマンド・リーチに従って、時間観念をまずは、①「直線としての時間」、②「円環としての時間」、③「振動する時間」に分類する。

①の「直線としての時間」について、加藤は、「始めと終わりがある有限の時間」、「始めがあり終わりのない時間」、「始めがなく終わりのある時間」、「始めも終わりもない無限の時間」の四つに類型化したが、見田が問題とするのは、「始めと終わりがある有限の時間」と「始めも終わりもない無限の時間」である。真木は、前者を「線分的な時間」、後者を「直線的な時間」と表記する。加藤は、「線分的な時間」がユダヤ・キリスト教的時間観念であり、それが近代西洋にまで続いていることを説き、「直線的な時間」を日本を特徴づける時間観念としているのに対して、真木は、「線分的な時間」をヘブライズムの時間観念であるとする点で同様ではあるが、「直線的な時間」を近代（西洋）の時間観念とする点で大きく異なる。近代の時間観の特徴とは、「時間の中で現実はつぎつぎと無になってゆく」、「たえずむなしく消え去ってゆく」という感覚であり、「未来が具体的に完結するものとしてではなく、抽象的に無限化されたもの」として時間が関心の対象となる点にある。つまりは「帰無してゆく不可逆性としての時間了解」（不可逆性としての時間）と「抽象的に無限化されてゆく時間関心」（量としての時間）である。「始めと終わり」があるヘブライズムの時間観念は、加藤も述べたように、時間の目的論的な性格を表すものであるのに対して、近代の時間観念は、加藤とは逆に、脱目的論的に抽象化された数量としての時間観念なのである。

②の「円環としての時間」については、古代ギリシア（ヘレニズム）や古代インドの時間観念とす

る点で加藤も真木も同様である。古代ギリシアと古代インドの違いについてはここでは触れないが、①「直線としての時間」も②「円環としての時間」も、「時間は連続的に動いてゆく」という観念が前提となっている。これに対して、リーチが、多くの文化人類学の調査研究を援用しながら、より「原的な時間の感覚」として対置したのが、③の「振動する時間」である。

③の「振動する時間」とは、未開社会の原始共同体に見られる時間観念であり、そこでは、時間の経過は同じ方向にたえず進行していくという直線的な感覚も、また同じ環のまわりをまわっているという感覚も存在しない。時間とは、夜と昼、冬と夏、乾燥と洪水、老齢と若さ、生と死というように、持続しているものではなく、「繰り返す逆転の反復」、「対極間を振動することの連続」として経験される。昼夜、季節、生死は、未開社会の人びとにとって、それぞれ異質な別の世界であって、この異質な別の世界を貫いて流れる共通の「時間」という観念はなかったとするのである。この「振動する時間」観念こそ、人類の「最も基本的で原初的なもの」というわけである。結論のみを言えば、真木は、「古代日本の時間意識」もまた、この「振動する時間」という観念に見たのである。以上の真木の時間類型論を真木自身の作成した図表で示せば、図表4のようになる。

真木の『時間の比較社会学』は一九八一年に刊行されており、加藤には十分に読む可能性はあった。加藤はこの本を読んでいないのか、読んでいても無視しているのかはわからないが、加藤が自らの時間論を展開するにあたって、宗教学や文化人類学の成果を用いたそれまでの時間論の蓄積との関係に論及していない点は、大いに問題があろう。加藤が、日本の時間観念を、始めなく終りない直線であ

図表４　真木悠介の時間類型

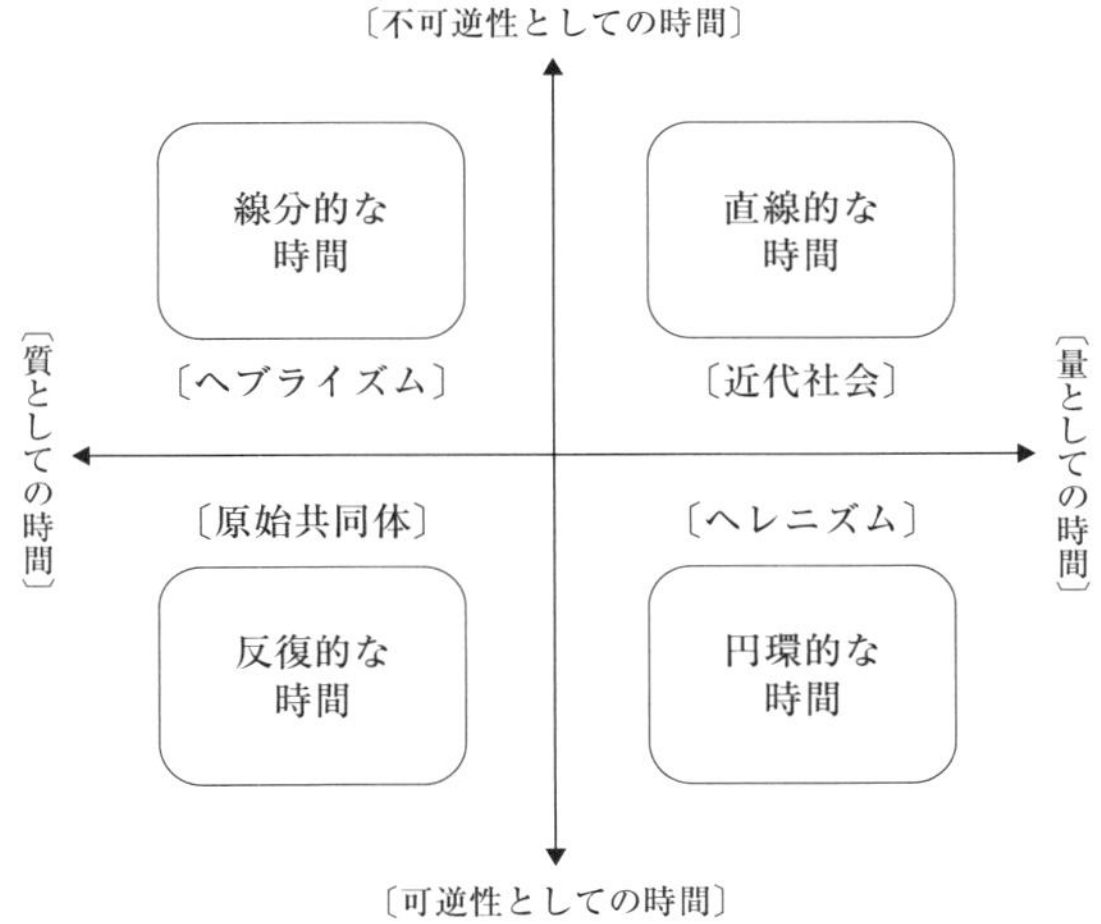

出典：真木悠介『時間の比較社会学』

り、この時間の意識は日本文化史を通じて根本的に変わらないと言うとき、文化人類学が蓄積してきた「未開人」の時間意識と近代のそれとの質的相違を等閑視し、日本の時間意識における現在（「今」）そのものを重視するというのは、はじめから結論ありきで、日本の時間意識を強引に設定している感が強いのである。しかしここでは、加藤の「日本文化論」を忠実に整合的に体系化するという点で、問題があるとはいえ、これ以上の言及はとどめておこう。ただ、加藤のこの時間類型論がなくとも、以下で見るように、日本の芸術文化にあらわれた時間の表現から、日本の時間意識に関する結論は十分に論証しうるものと思われる。

抒情詩にあらわれた時間の表現

現在（「今」）そのものを重視する日本の時間観念の外的な表現を、加藤は日本の芸術表現のなかに見出していく。中でも典型的な表現を抒情詩に見る。日本の叙情詩の形式的特徴は、短歌、俳句のような極端に短い詩型が長期にわたって用いられることであり、これほど短い詩型のこれほど長い愛好の歴史を持つ文化は他にないだろうとする。『万葉集』にはなお長歌や旋頭歌《せどうか》があったとはいえ、『古今和歌集』に至ってそれらは極端に減少し、短歌に集中する。さらに平安朝後期には連歌の確立とともに、短歌概念に根本的変化をもたらす。つまり五・七・五・七・七の三一音節の短歌は、前の五・七・五と後の七・七の作者が分割され、複数の作者の合作とされる。

この短歌の「分解」と「合作」という根本的変化は、作者の誰もが歌の全体の構造を考えないことであり、その場その場での付句の工夫に集中することにある。全体の構造や流れはあらかじめ計画されず、従って主題の一貫性も、起承転結もない。その場の思い付きで、主題を変え、背景を変え、情緒を変えながら続くのである。

連歌の面白さは、今目の前にある前句と付句の面白さであり、それが魅力である。その面白さと魅力は、過去にも未来にも係らずに現在において完結する。連歌とは、「過ぎた事は水に流し」、「明日は明日の風に任せ」て、「今」に生きる文学形式である。この文学形式こそが、かつては高位の貴族や将軍から奴婢、「非人」に到るまであらゆる階層、大衆に拡散し、今日に到るまで数百年にわたり、史上類のない圧倒的多数の日本人の支持を受け続けたのである。

その連歌から前の五・七・五の句が独立して俳句が生まれる。元来、短歌もまた俳句と同様短い文であり、時間の推移を描き出すことは容易ではない。その大部分は現在の環境を映すか心境を述べるのであって、そこには時間の流れはない。回想を歌う場合でも、過去はそれ自身として歌われるのではなく、現在化されて表現されるのであって、それは過去の現在化であり現在の行為である。俳句は短歌よりも、文の枠組みはさらに短く狭いのであって、時間の経過を表現することはいっそう不可能である。俳句での表現は、時間がそこに停止した瞬間的経験の感覚的表現になる。過去なく、未来なく、時間が止まっている「今＝ここ」に、全世界が集約されるのである。

連歌の発句を、独立した俳句として大成させたのはもちろん芭蕉である。『日本文学史序説』の中の加藤の芭蕉論は、数多くの芭蕉論の中でも、その本質的なものの一つを指摘している点で、短文ながらも出色の芭蕉論と言ってもよいだろう。そこには概ねこう書かれている。

芭蕉はわずか十七文字のなかにすべての詩情を込めるという世界で最も短い詩を大成する。十七文字だけでは事態を説明することはできない。そのため芭蕉は、その感受性を極度に研ぎ澄まし、「今・ここ」という一点の瞬間に注意を集中し、その微妙な細部に執着し、それを見事に洗練した短い詩で表現した。それはつまるところ日本の文化そのものであった。なぜなら日本の思考の特性とは、長い時間と広い空間という視野の中で普遍的に思考するのではなく、自分自身の具体的な現在（今）と現状（ここ）にひたすら執着する思考であり、まさに「今・ここ」の文化だからである。日本の高度な文化とはその微妙な細部を極度に洗練するものであった。その意味で、芭蕉は古代歌謡以来の日本語の歌の全体を、つまるところ日本の「土着世界観の要点を、要約し、徹底させた」のであり、微妙な細部に執着し、美的感受性を極度に洗練させた芭蕉の芸術は、日本の「世界観の要約」であった、と。

日本語の定型詩の変遷は、短歌・長歌・旋頭歌の共存から短歌へ集中し、短歌の合作から連歌が生まれ、連歌を媒介として俳句が成立した。俳句は日本語の抒情詩の形式が歴史的に発展した最後の帰結であったとするのである。

日本の随筆の特徴

以上のような抒情詩に対して、散文ではどうであったか。加藤は日本の散文における時間表現の典型を「随筆」に見る。日本の「随筆」こそ、『枕草子』以来、『徒然草』、『玉勝間』を通って今日に到るまで、日本における散文の文学の最も重要な形式であった。日本の随筆の特徴もまた、全体を貫く共通の主題を持たない部分（断片）の寄せ集めであり、全体を通しての筋がなく、全体は成り行きに任せて成り、明瞭な全体的な構造を持たない、つまり全体の建築的構造が全くない点にある。まさに「建築的構造の不在」と「各瞬間における生活への志向」こそが、日本の「随筆」の本質であるとするのである。

そこでの面白さは、全体の文章の流れから独立した個々の語句や文章それ自体（各部分＝断片）が面白さを持つ点にある。そこでは作者の機智や感受性、考え方、鋭い観察、歴史的な事実や文献の紹介、人物評、噂話、神話の細部、政治についての意見、酒や食べ物の味、語彙と意味論等々、列挙すれば際限がないほどのテーマが扱われる。

これに対して西洋の「エッセー」が日本の「随筆」とはいかに異なるものであるかを、加藤は、『朝日新聞』連載の「夕陽妄語」二〇〇八年四月二四日付「随筆についての随筆」（『自選集』10）に以下のように書いている。(1)

例えば『枕草子』や『徒然草』には、各章各節の間にほとんど関係がなく、全巻を通しての概念の建築的構造を欠くのに対して、モンテーニュの『エセー』は「各章がそれぞれの主題を追求し、展開すると同時に、各章が互いにそれぞれの目的追求の努力を支え合う。全巻はその意味で建築的であり構造的である」。西洋の「エッセー」は、断片（各瞬間）の寄せ集めではなく、明確な全体的な主張を持つのである、と。

日本の随筆の本質とは、加藤にとって、「建築的構造の不在」であり、「各瞬間における生活」への集中という点にあったのであり、まさに抒情詩と同様、日本の時間観念がそこに明確に表現されているのである。

音楽と舞踊の時間

既述のように加藤の音楽論によれば、日本の音楽の特徴は、音楽的持続の全体の構造よりも、それぞれの瞬間の音色や「間」を重視するものであった。例えば能や浄瑠璃の音楽は、繰り返される比較的短いいくつかの曲に還元され、それぞれの曲はそのなかでの瞬間の音の質に還元される。西洋の音楽が、音色よりも音相互の関係である旋律が重視され、楽器にかかわらず、一曲の全体を聞かねばならない「構造的音楽」であり、「構造尊重主義」的であるのに対して、日本の音楽は、全体を聞かなくても、それぞれの瞬間に、その前後から離れて鮮やかにあらわれる、個別の音の性質が重視され、つまりは旋律よりも音色が重視され、楽器は変えることができない「音色の音楽」であり、「音色表現主義（音色、間）」的である。流れの「部分」であるそれぞれの瞬間の現在に係るものであり、そこでは楽器の微妙な音色の違いが決定的要素であった。換言すれば、西洋の音楽は時間的持続を構造化するのに対して、日本の音楽は時間を構造化せず「今」の瞬間に集約されるものだった、というのである。

彼我のこうした特徴は舞踊の領域でも同様であり、西洋のバレエや中国の京劇が、身体の運動と美しい躍動感を持って、全体としての流れの持続を貴ぶものであるの対して、日本の能や歌舞伎は、前後から独立した瞬間の姿勢を重んじる。能における極限としての静止、歌舞伎における一瞬の静止である「みえ」、そうしたものの繰り返しであり、それらはまさに持続ではなく静止である視覚的効果（＝「絵画的効果」）に向かう傾向を持つものであった。

絵画のなかの時間

絵画は一般にある時点での対象の「イメージ」を写し出すものであって、通常は時間の経過には係らない。しかし加藤は、絵画による時間経過の表現として、「異時同図」と「異時図並列」という二つの絵画の形式を取り出して論じる。「異時同図」とは一つの画面のなかに異なる時点での出来事を描きこむものであり、日本ではその例があるにしても数が少ないのに対して、西洋においてはキリスト教に関する中世絵画で頻繁に用いられた形式であり、この形式は現在の意味を過去や未来との関連のなかに見ようとする傾向を示すものである。

他方、「異時図並列」は、壁画、襖絵、絵巻物のように、異なる時点での出来事の絵を時間的順序にしたがって並列して描いていくものであり、とりわけ絵巻物は、西洋にも例外的にあるとはいえ、時間の絵画的表現の日本における主要な手段である。それは、右手に既に見た部分が巻かれ、左手には未だ見ていない部分が巻かれているのであって、現在眼前にある場面だけを見る、つまり左右の場面は同時に見ることはできないことになり、その点で場面の連鎖の全体を見渡すことはできず、現在は過去からも未来からも切り離されているのであって、それぞれの場面は自己完結的で、前後の絵に係らずにそれ自体が絵として訴えるものである。絵巻物といえども時間を「構造化」するのではなく、任意の時点における世界の自己完結性を強調する、つまり現在にのみ生きるのである。

以上のように、詩歌、散文、音楽、舞踊、絵画といった日本の芸術のいずれの分野においても、時間観のあらわれとしては、著しい「今」の強調があり、過去・未来を含めた時間の「全体」よりも、時間の「部分」＝「今」への強い関心が明白に現れていると加藤は見るのである。

2 「土着世界観」の空間論

境界の性格

次に空間についての加藤の論を見よう。加藤が空間観念を構成する要素として注目したのは、

①境界（生活空間の境界）の性格
②空間（境界内部の空間）の構造
③境界の外部の表象

である。

①の境界の性格については「開かれた境界」と「閉じられた境界」という二類型を設定し（ここでも丸山眞男の影響が伺われる）、「開かれた境界」は、古代ギリシア文明やヨーロッパ文明、中国文明の境界のように、日常的に異文化との接触が行われ、成員の流動性やコミュニケーションが大きく、内と外の異質性は強調されずに、普遍的な文明が成立つ条件となることを説く。例えば古代ギリシアの空間はギリシア本土を中心にエジプト、ペルシア、メソポタミア、パレスティナ、ロシアの南部、アフリカ大陸の北岸、イタリアにまで及び、人種、言語、信仰体系、風俗習慣、生産技術と生産文化、芸術において、多様性をもった人々の間には交易と戦争が繰り返される。まさに異文化に対して開かれた空間であり、異文化との接触が言説の普遍妥当性を要請するのである。日常的な異文化との接触

は、古代ギリシア思想の普遍性が成り立つための一つの条件だった。日常的な異文化との接触をもって開かれた空間のなかに成立したヨーロッパ文明や中国文明も同様であった。

これに対して日本は、島国であり、かつ基本的にはムラ共同体を典型とする「閉じられた境界」をもつ。内と外とは異質な世界と認識され、内外の境界についての鋭い意識を持ち、内に住む人は外に住む人に対して別の態度をとり別の規則を適用する。内人（ウチビト）同士の交際と外人（ソトビト）との交際は、異なる二つの原則によるのである。こうしたところでは成員の流動性やコミュニケーションは小さくならざるをえず、閉じた地域文化として地域的特殊性に留まることになる。

空間内部の構造

以上が境界の性格についての加藤の見解であるが、それでは日本の「閉じられた空間」の内部はいかに秩序づけられ構造化されているのか。それが②の内部空間の構造の問題である。その点で加藤は特に都市空間や建築的空間を例にとり、ヨーロッパや中国に比べ、日本の特徴を以下の三点に見る。

第一は「「オク」（奥）の概念」である。神社のような宗教空間は、参道→拝殿→神官の座→カミの座というように、奥に進むほど空間の秘密性と聖性が増大する。住宅の世俗空間においても、玄関→客間→居室→寝室→奥座敷というように、奥に進むほど空間の私的性格が増大する。この形態は境界の閉鎖性と同じ社会心理である内外の区別を強調しようとする心理と同一なものと、加藤は見なすのである。

第二に「水平面の強調」である。世界の宗教建築には、ピラミッド、インドのヒンドゥー寺院、イスラムのモスク、ヨーロッパの大聖堂のように、垂直の線を強調するものがある。対して日本では宗教建築さえも、地表に沿って拡がり、天に伸びてゆくことはない。例外は仏教寺院の五重塔であるが、仏教は外来宗教であり、五重塔は外来宗教の造形的表現である仏塔の「日本化」であり、またそれも高い仏塔のある中国とは異なり日本では五重または三重に限り、幅の広い廂を水平に出し垂直の線を隠した形態をとる。いわんや世俗的建築においては、住民を威嚇することが目的である天守閣を例外として、どこでもほとんど平屋ないし二階建てにすぎない。中国やとりわけ西洋の建築は〈天に向って上昇する空間〉であるとすれば、日本の空間の特徴は〈「オク」に向って入り込もうとする空間〉であったと言えよう。日本文化の中の空間は、上下よりも水平の軸を中心として展開される傾向があり、高さを強調する建物は少ない。そこには彼岸への超越（垂直）よりも此岸の「今＝ここ」（水平）への関心の表れと、加藤は見なすのである。

第三に既に建築論で述べた「建増し」思想である。空間の全体をあらかじめ構想して、部分を設定していく「計画方式」ではなく、時とともに変わる必要に対応できるようにと、全体を貫く明確な原理はなく、部分から出発し部分を積み重ねて全体に到るという、「建増し方式」である。そこから帰結するのは、一方で「小さな空間」への嗜好や細部への注意の集中であり、他方で左右相称性：シンメトリー（そこには部分よりも全体が重要であるという思考がある）を忌避して、非相称性：アシンメトリーを好む（ここには全体よりも部分が重要という思考がある）ということである。

以上が加藤の日本的空間の内部構造論であるが、実はこの論は、槇文彦の「奥の思想」(『見えがくれする都市』)を参照しているものと思われるが、そのことを加藤は明示してはいない。槇文彦は、日本の建築思想を西欧と比較し、西欧的な「中心の思想」に対して、日本の「奥の思想」を対置しながら、以下の三つの特徴を指摘している。

槇の説によれば、第一に西欧の「中心性」に対する日本の「奥性」、第二に西欧の「垂直志向性」に対する日本の「水平思考性」、第三に西欧の明確な境界形成にたいする日本の「包みこむ」境界形成である。古代以来、西欧における都市(西欧に限らないが)とは、外の周辺地帯の混沌の空間(カオス)から断絶された秩序ある空間(コスモス)であった。荒涼たる砂漠をさすらう砂漠の民にとっての砂漠、地中海をさまよう古代ギリシア人にとっての海、それらはともに未知の不安と危険に満ちたカオスの空間であった。それゆえ都市の形成においては領域を囲郭し、明確に区画された都市の領域は全体的に秩序だてがなされねばならなかった。

そうしたコスモスにとって「中心」は不可欠であり、しかもその中心は、天との交流を保証するものとして目に見える聖柱=宇宙柱を象徴とする。中心はそれが世界軸の位置を示すことによって天を結ぶ垂直性を強調する。そこから塔の文化、ゴシックの大伽藍といった垂直性を誇示することになる。そこでは「無限の空間」に対して、「囲郭」という明確な区画による都市領域を構成し、その内部を「宇宙軸」という「中心」により全体的なコスモスを形成するという思想が存在しているのである。

他方、日本では、中心としての「奥」は見る人、つくる人の心の中の中心「見えざる中心」であり、対象に関与するものが自由に定める中心である。西欧では山の頂に中心を見るならば、日本では山の奥に中心を見る思想である。そこに日本の空間における「中心志向（見せる中心）と垂直性」の欠如があり、「奥」は水平性を強調し、見えざる深さにその象徴性を求める。日本の塔は上昇の意志の産物ではなく、金堂・廻廊・樹木を含めた全体の中での均衡をつくり出す一要素であり、「奥性」は最後に到達した極点そのものにクライマックスがない場合が多く、そこへたどり着くプロセスにドラマと儀式性を求める。つまり高さではなく水平的な深さの演出であり、時間を含めた空間体験の構築であるということになる。

従って都市形成にあたっては、人為的な境界を築くことは稀であり、中心を確立する代わりに、何か定かではないものに領域の原点を求め、それを包み込むかたちの領域形成が原則にある。日本の都市は、無限の空間の中から抽象的な空間と建築を切り取り構築する作業の上につくられたものではなく、土地から生え上ったものなのである。以上のような槇文彦の日本的空間論を加藤は明示することなく、ほぼ踏襲していると言えよう。

外部の表象

最後は③の境界の外部の表象である。日本の空間観念において、外部空間に遠近の区別をつけることを加藤は特徴として見る。この場合、遠近とは、地理的距離によらず、文化的な距離すなわち言語、風俗習慣、社会構造等による。加藤はこの遠近を「遠い外部」と「近い外部」に分類する。「遠い外部」とは外部からやってくる「来訪者」であり、ムラ社会にとっては①カミ、②仏僧（聖、上人など）、③収税吏（権力の手先）、④パリア（非人、乞食、旅芸人、巫女等）であって、まさに外部の人びとであり、内部の人びととは異質である。しかも彼らは内部の人間とは対等・平等ではなく、常に上か下かに位置づけられる。そこには、すべての人間関係を上下関係に還元して、内と外を区別しようとする強い心理的傾向が見られると説く。他方、「近い外部」とは、隣村の人びとであり、内部の人びとと類似の性格を持つものと見られるのである。外部の表象においても、加藤は、①の境界の性格と同様に、内と外の明瞭な区別が反映されたものと考えたのである。

「今＝ここ」の世界観

この空間の観念は芸術作品のなかでどのように表現されているのか、という点について、加藤は空間の芸術である建築と絵画を考察している。その要点は既に述べた細部尊重主義と細部の美的感覚的洗練、水平志向、部分が全体に優先する「建増し」思想、「非相称の美学」などの繰り返しである。

いずれにしろ日本の空間観念においては、外部よりも内部に向かう思考の方向性、および部分の自律性・自己完結性を前提として、「全体から部分へ」ではなく、「部分から全体へ」という思考の方向性が表れている。部分が全体に優先し、部分（細部）は全体から独立してそれ自身の形態と機能を主張する世界観が表れているとする。以上から、日本の空間観念においては、空間の全体よりも空間の部分である「ここ」に集約されるとするのである。

時間においては「今」、空間においては「ここ」に集約される世界観として、加藤は「今＝ここ」の世界観と名付ける。それでは時間と空間の関係はいかなるものか。より抽象化すれば、「今」は「時間的部分主義」であり、「ここ」は「空間的部分主義」と言える。共に部分の強調であり、加藤が最後に書き記した時間と空間に関する「土着世界観」＝「今＝ここ」の世界観は、この「部分主義」を特徴とするものであった。それは、時間的には直接接触が不可能な（非タンジブルな）未来や過去の出来事ではなく、それが可能な（タンジブルな）「今」への関心の集中であり、空間的にも直接接触が不可能な「ソト」の世界ではなく、それが可能な「ここ」の世界への関心の集中であって、まさに非超越的な「タンジブル」な世界における時間・空間観の必然的な帰結でもあったと言えよう。

この点を象徴しているものとして、敦煌の涅槃像・涅槃図と日本のそれとの違いがあることを説いた加藤の興味深い小文をここで補足しておこう。『朝日新聞』連載の「夕陽妄語」、一九八四年九月一日の「敦煌所感」（『自選集』７）である。

第一に、敦煌の涅槃像・涅槃図には、過去仏および未来仏が配置されており、釈迦の死という「現在」を、「過去」および「未来」と関連させながら表現しているのに対して、日本のそれでは、過去仏、未来仏の配置はなく、「過去」および「未来」との関連がない。

第二に、敦煌では釈迦を取り囲む人物の塑像と壁画には「比類稀なる調和」があるとともに、その人物群は三層をなし、上層には諸菩薩、中層には異民族の王子たちも含まれた釈迦の弟子たち、下層には外道または異教徒たちで、自己と異なる存在も含んだ世界観の多様性あるいは開放性を表しているのに対して、日本では、例えば法隆寺五重塔塑像群の中にある釈迦涅槃像を取り囲む侍者たちを加藤は日本彫刻史上の傑作として挙げるが（『日本　こころと形』）、釈迦を取り囲む人物の表現にはそれほどの調和がなく、その人物群には、上層の異民族の王子たちも、下層の外道や異教徒も表現されてはいない。そこには悲痛と絶望を示す中層の弟子たちだけが表現されているのであり、釈迦の死という事実のみがあって、特殊で具体的、感覚的な「今・ここ」に向かって収斂しているのである。

まさに日本における仏教理解の限界を表すものであり、日本文化のなかでの時間と空間の概念そのものの一般的特徴と係っている、とする。涅槃像・涅槃図に関する加藤の極めて興味深い解釈であろう。

3　「土着世界観」から生じる行動様式

最後に、こうした「土着世界観」は、どのような「精神態度」や「行動様式」をもたらすのかが問題となる。この点について、加藤には、一九八〇年代後半に、日本文化の性格を箇条書き風にして簡潔にまとめようとした以下の四つ論文がある。

①一九八四年七月に発表された「日本社会・文化の基本的特徴」（加藤周一・木下順二・丸山真男・武田清子『日本文化のかくれた形』、『自選集』7）

②一九八五年六月に事典の項目として発表された「日本」（『平凡社大百科事典』第11巻、後に『世界大百科事典』第21巻に再収録、『著作集』23、なおこの論文は『自選集』には収録されていない）

③一九八六年十一月の「白井健三郎への手紙」（白井健三郎古希記念論文集編集委員会編『彷徨の祝祭　白井健三郎古希記念』、『自選集』7）

④一九八七―八八年にNHKで放映（後に書籍化）された前掲『日本　その心とかたち』の「茶の湯」を扱った「第六章　手のひらのなかの宇宙」

である。それらの他に二〇〇七年の『日本文化における時間と空間』の該当部分も加えてよい。

第一の「日本社会・文化の基本的特徴」で、加藤はさまざまな特徴を統一ある全体として理解するための「日本社会・文化の基本的特徴」、あるいは「パラダイム」として、①競争的集団主義、②現世主義、③現在主義、④集団内部の規則の特徴として形式主義と主観主義、を挙げる。

第二の事典項目の「日本」においては、「社会・文化の特質」として、①現世主義、②現在主義、③集団主義、④競争原理、を挙げる。

第三の「白井健三郎への手紙」では、「日本の民俗的な信仰体系の特徴」として、①現世主義、②現在主義、③部分主義、を挙げている。

第四の『日本　その心とかたち』では、「茶の湯」を取り上げた「第六章　手のひらのなかの宇宙」の中で、利休の「茶の湯」が典型的に表す日本の「文化の原型」あるいは日本の「文化の文法」として、①此岸性、②集団主義、③感覚的世界、④部分主義、⑤現在主義、を挙げる。

なお、ここで第一―①の「競争的集団主義」と第二―④「競争原理」として挙げられた「競争」的性格については、加藤自身が述べているように、明治維新以後の新しい条件である「資本主義的自由市場と教育制度」のもとで加わった今日の日本社会のもつ活動的性格であって、必ずしも日本の歴史を一貫する特徴とは見なしてはいない。とりたててこうした特質を挙げたのは、加藤が各所で述べている通り、集団主義は必ずしも日本だけの特質ではなく、西欧や北米以外の多くの国々、とりわけアジア諸国と共通したものであり、それらの国々と比較して、日本の「集団主義」の個性を強調しようとしたものであったと思われる。

しかし今日の世界の状況を見れば、どこの国においても、そこに資本主義と市場原理がもたらされれば、競争的となるのは明白であり、「競争原理」を日本文化の特質に挙げるのは、説得力を欠くように思われる。

また第四-①に挙げる「此岸性」については、「彼岸」は超越的世界の一つであり、対して「此岸」は非超越的な「現世」＝「日常的世界」ということであって、非超越的世界の一つであり、それは「現世主義」の一側面である。その「日常的世界」はその世界を超越する原理と関連付けることがなければ、感覚を通して与えられるものであって、第四-③に挙げられた「感覚的世界」も「現世主義」の一形態である。したがって「此岸性」も「感覚的世界」もともに「現世主義」に含まれる。

さらに第一-④に挙げられた集団内部の規則の特徴としての「形式主義」と「主観主義」は、「集団主義」を担保するために集団内部の調整装置として挙げられたものであり、それらは「集団主義」に包含され、その要素として位置づけられるべきものである。

そこでそれらをいったんは除外し共通しているものをまとめると、加藤の見る日本文化の「精神態度」や「行動様式」の特徴は、次のようになる。
①現世主義
②現在主義
③部分主義
④集団主義

以下、それぞれについて、加藤の説くところを見てみよう。

「現世主義」

これは世界観のI〈射程：超越性―日常性〉に関わる。既に見たように日本の土着世界観の性格は、〈超越的ではなく日常的〉であった。日常生活の現実の外の世界や日常的生活を超える価値や権威には関わらない。神さえ人間的であり、彼岸さえ此岸の延長となる。その思考と行動の対象は、日常的に経験される「タンジブルな」世界にのみ強く向けられる。多くの日本人の関心は超越的な彼岸との関係よりも、日常的此岸の「今＝ここ」の状況に強く向けられるのであり、これが「現世主義」である。

しかもこの日常的世界は、抽象的・理論的にではなく具体的・感覚的に把握される。なぜなら土着的世界観のIII〈思考：抽象性―具体性〉は、〈抽象的ではなく具体的〉だからである。そこから帰結する行動様式は、「二宮尊徳の『仕法』からGNP信仰まで」に表れる、身近な実用的な技術を工夫・洗練させようとする「実用的な技術主義」、また「琳派から日本料理の盛りつけまで」に表れる、感覚的世界の美的対象を無限に洗練して表現しようとする「感覚主義」ないし「美的装飾主義」ということになる。それらはいずれも「現世」＝日常的・感覚的世界の内部で、それぞれを対象とした「感覚の無限の洗練」から帰結されるものであった。

加藤にとって、こうした「感覚の洗練の極致が集中して成立したものが利休の茶の湯」であり、利休の茶の湯とは、感覚のよろこびを追求してきた日本文化の長い歴史が到達した「感覚的文化の要約」なのである。

「現在主義」

これは時間における「今」を重視する世界観に関わる。そうした世界観の下では、人々の関心の中心は、ひたすら現在にある。「過去は水に流す」という諺にあるように、昔のことを忘れ、過去に拘らず、「明日は明日の風が吹く」という諺にあるように、未来を心配せず、現在の生活を円滑にしようとする。

過去は水に流し、未来はその時の風向きに任せ、現在に生きる強い傾向、それが「現在主義」である。現在の状況の変化に超越するような過去・未来を通じる普遍的な原理または価値が不在なため、現在の出来事の意味は、過去の歴史および未来の目標との関係において定義されるのではなく、歴史の目標から独立に、それ自身として決定される。

普遍的な原理や価値の欠如の故に、現実環境の構造そのものへの抵抗や変革にはいたらず、例外はあるとはいえ、原理に基づく宗教戦争もユートピア思想も現われない。現在（＝「今」）の強調は、現在の状況に対する抵抗や変革ではなく、現在への適応が要請される。原則や未来の計画に束縛されず、現在の状況の変化に敏捷に対応する「機会主義（便宜主義）」や、過去にこだわらず未来の計画や絶対的価値によって束縛されない「現実主義（実際主義）」が、さらには『好色一代男』から週刊誌まで」に表れる、日常的世界の「今」の楽しみを徹底して洗練させようとする「享楽主義」が、その行動様式となる。

そうした態度が芸術的に洗練されたとき、ここでもまた「茶の湯」の理念が成立する。幕末の大老であるとともに高名な茶人であった井伊直弼の「一期一会」という「茶の湯」の理念は、「もし人生に意味があるとするなら、この瞬間、この場所において意味がある」のであって、いまここになければ、それはどこにもなく、「この瞬間に人生のすべてを託す」ことを意味する。茶の湯において、日本の「現在主義」の最高の表現を見ることができる、とするのである。

「部分主義」

これは空間における「ここ」を重視する世界観に関わる。ただ「部分主義」という命名には問題がある。既にみたように時間においても「今」を重視する世界観は時間の「部分主義」であり、「部分主義」というだけでは、時間における部分主義とは区別がない。加藤が「行動様式」について「部分主義」と言う場合、空間の部分主義のみを指している。他にもっと適切な用語が思いつかなかったのかもしれない。ともあれ「土着世界観」の空間構成においては、細部（部分）から離れて全体を秩序付ける原理がなく、空間の構成は、全体の構成を踏まえて全体から部分に向かうのではなく、あるいは全体を分割して部分を構成するのではなく、部分それ自体の構成が先行し部分から全体に向い、部分の総合として全体が構成されるという構成の仕方を取る。全体は部分の積み重ねとして「おのずから」形成されることになる。そこでは人々の関心は全体よりも部分（細部）にあり、細部を重視してそこへの注意を集中させ、さらには細部そのものを好む態度を生みだす。これが「部分主義」である。

芸術的表現においても、部分それ自体への関心は、既述のように日本の造形美術のみならず文学や音楽の歴史に一貫する特徴の一つであり、殊に建築における部分よりも全体が重要であることを前提とする「左右相称性＝シンメトリー」を忌避して、全体よりも部分を重視する「非相称性＝アシンメトリー」を好む態度に典型的に表れている。

細部の重視という点も「茶の湯」において、小さな空間のなかの様々な部分である丸柱、荒壁、掛け軸、花、さらには「手のひらの中の」茶碗をはじめとする茶器等への顕著な関心の中に表れている、とするのである。

「集団主義」

既述のように日本の「土着世界観」の性格は、Ⅰ〈射程：超越性―日常性〉における〈超越的ではなく日常的〉であり、Ⅳ〈価値：普遍性―特殊性〉における〈普遍的ではなく特殊的〉であった。自らの属する集団（典型的にはムラ共同体）というこの「タンジブル」な唯一の世界を超越する普遍的価値は存在しない。したがって彼らの社会である所属集団そのものが最も基本的な価値とならざるを得ない。そこでの行動様式は、「個人の意見が集団の利益・目標・雰囲気（感情的傾斜）と矛盾するときには、原則として常に集団の主張を優先する態度」となる。これが加藤の集団主義の定義である。そこから、つまりは集団内の調和の維持、集団そのものへの忠誠、集団への順応、少数者の軽視を伴う「大勢順応主義」ないし「画一主義」に帰結する。「集団主義」は非超越的・非普遍的な「土着世界観」から当然に帰結するものである。

集団の内部は外部と明確に区別された「閉じた空間」となり、内部の価値観は普遍的ではなく、「価値の特殊性」という性格を持って、外部とは異なる価値観によって秩序付けられる。

茶の湯において、茶室の内部は外部の空間や社会秩序とは隔離され、そこでは外の世界とは全く別の価値観によって秩序づけられる。茶会は内部集団における象徴的行為なのである。茶の湯の参加集団はまさにより大きな集団の構造と機能を象徴しているのである。

集団を維持するためには、その内部に秩序維持の装置（象徴体系＝規則の体系）を持たざるを得ない。その規則の体系とは第一に、ハンコや贈答形式といった独特の儀式、現実よりも言葉そのものを尊ぶ習慣（「名目主義」）などの行動様式にあらわれる「極端な（外面的な）形式主義」、第二に、行為の評価は、その結果よりも意図が尊重され、どんな結果であれ、「悪気がなかった」、「誠心誠意であった」

図表５　加藤周一「日本文化論」の構造

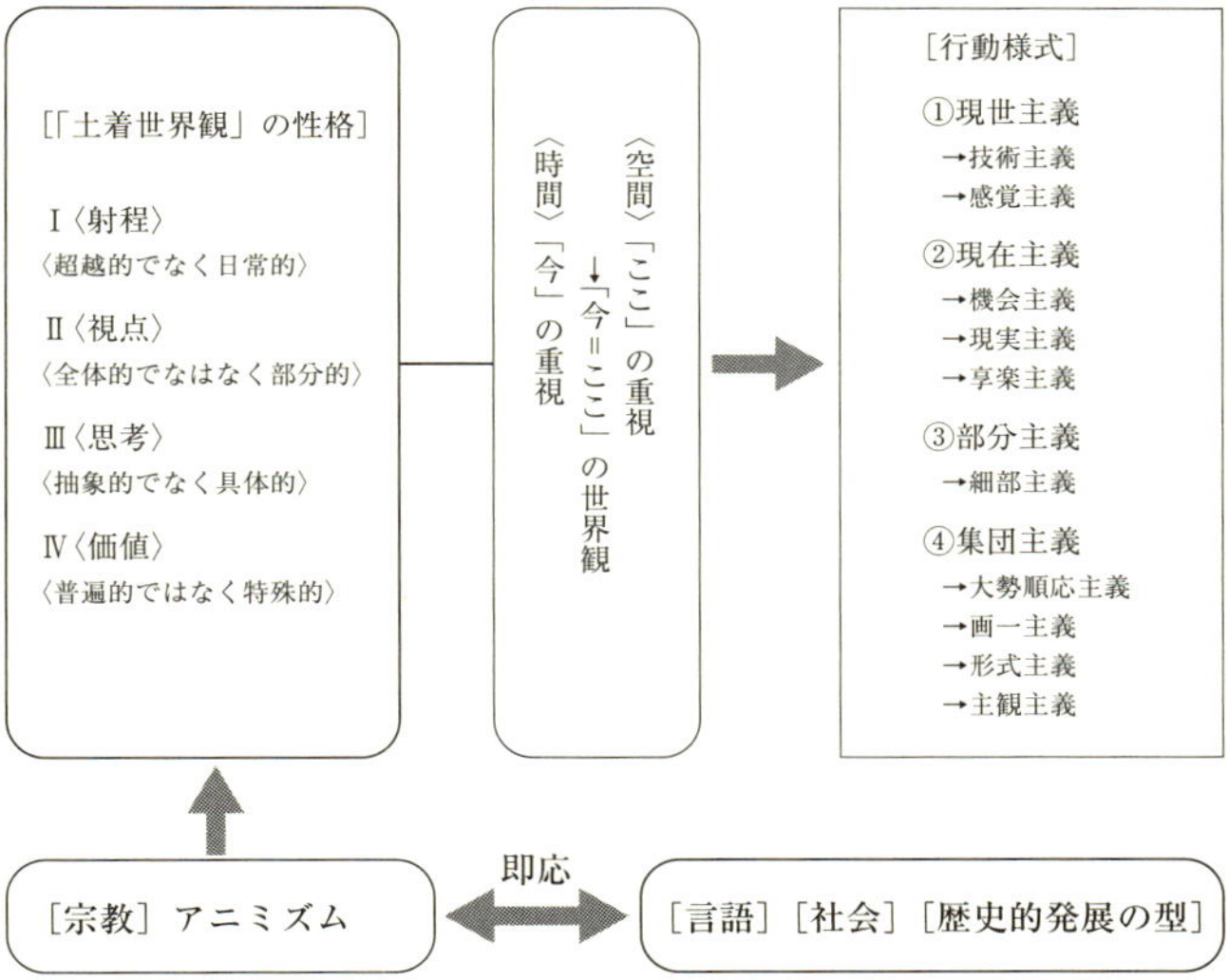

出典：筆者作成

ことが重視される「極端な主観主義（主観的な「気持」尊重主義）」である。集団内部における行為の基準は、与えられた役割を果たそうとする意志＝善意であり、行為の結果よりも善意が重視される。すなわち主観的な「気持」を尊重する極端な「主観主義」が行動様式となる。まさに丸山眞男が言う「心の純粋さ」の尊重という倫理意識の「古層」である。

以上の「土着世界観」と「行動様式」をまとめた加藤周一の「日本文化論」の構造が、図表５である。

【注】

（1）「随筆についての随筆」というタイトルの文章は、内容は異なるが『朝日新聞』一九八二年三月二三日付夕刊「山中人閒話」にもある。

第五章　〈日本的なもの〉とは何か

1　「野生の思考」としての「土着世界観」

「土着世界観」の普遍性

本書の第一の課題は、「土着世界観」論を中心に加藤の「日本文化論」を整合的・体系的に再構成しようとすることにあったが、これまでの四つの章において、その目的が果たされたものと思う。以上の加藤の説を大筋で認めた上で、本書の第二の課題は、加藤の論を一歩踏み越え、〈日本的なもの〉（＝日本文化の特質・個性）をどのように理解すればよいのか、という問題についてであり、そのための日本文化に関する一つの「仮説」を提示することにある。

既述のように「土着世界観」はそのまま〈日本的なもの〉では必ずしもない。従来の「日本文化論」は、往々にして「土着世界観」的なものをそのまま〈日本的なもの〉とする傾向があった。本書の仮説は、まず、この「土着世界観」の性格が、古い時代には世界中に普遍的（遍く存在するという意味での普遍的）に存在し、現代でも「未開民族」の間に存在するものであり、なおかつ多くの民族の基層に多かれ少なかれ残存するものである、という点にある。「土着世界観」の性格を規定した最大の要因は、アニミズムやマナイズムという原初的な自然宗教であり、そうした宗教は世界中に存在し、そして現在でも「未開民族」において、また多くの民族の基層において存在しているからである。

加藤もまた、「土着世界観」が日本に特有なのではなく、多くの伝統的社会に共通なものであることを一方では認めている。日本が特殊なのは、「土着世界観」（「その思考や感性」）がその後の日本精神史に演じた役割であり、この世界観と「その後の日本の高度の文化との内的な結びつき」であって、高度の工業化が伝統的なイエやムラを分解した後も、この世界観が生きのびているという点にあるとする（「親鸞―一三世紀思想の一面―」『自選集』3および『日本文化における時間と空間』）。「土着世界観」の性格は、おそらくは人類の原初的で普遍的な世界観であり、日本の世界観であるとはいえ、けっして特殊〈日本的なもの〉ではなかったであろう。それは、あえて言えば「未開的」なものであったと言うことができよう[1]。

以上のように、加藤はアニミズムや「土着世界観」は日本に固有のものではない、と述べているが、他方で、「土着世界観」は日本で「おそらく下っても四・五世紀の頃には成立していたであろう」（『日本文学史序説（上）』）と記しており、しかしその根拠は何も述べていない。そうした記述を見れば、加藤は、必ずしも土着世界観を「未開民族」が共通に持っているとは考えていないようにも見える。

あるいは加藤が、「土着世界観」のもつ集団主義を論じる際に、多くの「日本文化論」者の水田稲作重視説と同様、また丸山眞男も同様であったが、稲作を中心とする農業社会の長い伝統によって生みだされた習慣と価値であることを強調して、「土着世界観」が日本で特徴的なものと考えていたようにも見える。水田稲作とそれと結びついた祭儀や村落共同体を日本文化の根底に据えた「日本文化論」は柳田国男を筆頭として、しばしば見かけられるところであるが、加藤もそうした「日本文化論」の枠組みに捕えられているように思えるのである。しかしアニミズムやマナイズムを背景に持つ「土着世界観」は、「四・五世紀の頃」よりはるかそれ以前から存在していたものであることは明らかである。もちろん稲作（弥生時代）以前からであり、縄文時代にはすでに存在していたもっと根本的な世界観であったと考えられる。日本の縄文時代は、世界史的に見れば新石器時代に相当するが、この点については、後にレヴィ＝ストロースに言及する際に、再度取り上げたい。

さらに加藤には、「土着世界観」を「日本的なもの」とする記述も随所に散見される。

ともあれ本書では、この加藤の曖昧な点を踏み越え、日本の「土着世界観」が日本固有のものではなく、時代や空間を越えた「未開社会」に普遍的に存在した世界観と同様の性格（世界観の「内容」ではなくあくまで「性格」という点であることを再度強調しておきたい）を持つものであるという仮説のもとに、以下の論を進めたい。(2)

石母田正の「歴史学と「日本人論」」

日本の思考様式や社会構造における「未開的なもの」の残存や持続、また日本の「土着世界観」が日本固有のものではなく、「未開社会」に普遍的に存在した世界観と同様の性格を持つものであるとする本書の仮説は、筆者の独自なものではなく、これまでも梅原猛や吉本隆明、中沢新一など、何人もの論者によって主張されてきたものである。ベネディクトも『菊と刀』の中で、マライ諸島、ニューギニア、ポリネシアなどの太平洋諸島の未開部族の文化と日本の文化とに酷似した並行例が多いことを指摘し、鶴見和子もその柳田国男論（『漂泊と定住と』）の中で、柳田は、原始・未開人が現代日本人の内部にあると考えた（「われらのうちなる原始人」）と説いている。梅原や吉本、中沢については後に触れることとして、ここでは、丸山眞男の「古層」論に触発されて石母田正が一九七三年に行った岩波文化講演会での講演「歴史学と「日本人論」」（後に『石母田正著作集』第八巻に収録）を取り上げたい。なお、この講演については、これまでも何人かの論者によって各書で触れられ、注目されてきたものである。

石母田は丸山の「古層」論の要点を簡潔に述べた後、日本における法の領域を取り上げ、古代法から中世法への転換を、「古層」論と関連付けながら、以下のように説明する。基本的には中国の法を模倣した律令という古代法は、平安から鎌倉時代にかけて、だんだんと解体し、丸山の言う「古層」が前面に出てくるようになる。中世法におけるその現われの一つが、「相互主義あるいは等価主義」という中世法の原則である。それは、例えば「喧嘩両成敗の原則」であり、喧嘩に到る過程を検証し、一定の規範に従ってその正邪を決定するのではなく、そうした「理非を論ぜず」、はじめから双方を同等に「成敗」するのである。また例えば「折中の理」という原則であり、土地所有の争いなどにおいて、「理非を論ぜず」、はじめからその土地を半分に分けて、それぞれに「中分」の所有権を認めるのである。

しかもこうした「相互主義あるいは等価主義」の原則は、領国レヴェルの高い段階の法だけでなく、例えば長崎県五島列島の小さな漁村に残る民間の成文法にまでこの原則が貫かれ、二つの集団が闘争をした場合には両方の集団から二人ずつ死刑とすることが制定されているのである。こうした原則はもちろん中国にはなく、「日本的な一つの法理」である。

石母田は以上のように述べているが、こうした法理は、本書でこれまで述べてきた「土着世界観」に基づくものであることは明白であろう。超越的普遍的な規範を設定し、その規範に沿って事態を論理的に追求することがない（「理非を論ぜず」）のである。

従来の「日本文化論」ならば、この原則は「日本的なもの」としてここで終わるが、石母田は、それは本当に「日本的なもの」なのか、と問うことによって、従来の「日本文化論」を越えようとする。「日本の固有のものを説明しようとすれば、単純にこれこそが日本独自だというのではなくして、もっと視野を…〈中略〉…広げてみ」ようと主張するのである。そして彼は、人類学者が解明しているように、この「等価主義」の原則は、「実は日本だけではない」のであり、広く南太平洋（ミクロネシア・メラネシア・ポリネシア）、さらに広く東南アジアからアフリカ・ラテンアメリカ等の「いわゆる未開社会と言われるような社会では、むしろこのほうが原則」であって、例えば自己の部族の一人が殺されたら、相手の部族の一人を殺すという「血の復讐」、あるいは「目には目を、歯には歯を」という「同害刑」等は、まさにこの「等価の原則」であり、それは、広く未開社会のプリミティブな原則であって、日本の中世法は「未開社会の一つの法理」の「バリエーションにすぎない」とするのである。石母田は「私は未開社会を尊敬しております」とまで述べるが、未開社会への偏見を捨て、日本と未開社会との比較自体に対する反発を排して、石母田は、日本の「古層」になお未開社会の心性が残存していることを力説したのである。

レヴィ＝ストロースの「野生の思考」

以上のような仮説の蓋然性をさらに補強するためには、クロード・レヴィ＝ストロースの「野生の思考」論を参照すべきであろう。彼が一九六二年に発表した二つの著書、『今日のトーテミズム』と『野生の思考』から、彼の言う「野生の思考」の概要を見ていこう。ちなみにこの「野生の思考」というタイトルについて、加藤周一は、ある「ニュージーランドの人類学者」が述べた「社会的、歴史的、その他の思想外的条件によって影響されない、なまのままの思想の原型」と訳すべきものという説に賛意を表している（「日本語　I」『朝日新聞』一九六八年一月一〇日、『加藤周一著作集』7に収録）。実際、世界の多くの未開部族を自ら調査しあるいは調査報告に目をとおしたレヴィ＝ストロースであり、その彼が言う「野生の思考」とは、特定の「未開」部族の思考にとどまらず、まさに人類の原初的で普遍的な思考であると考えてよいだろう。しかし「未開」民族の間に広く見られる思考とはいえ、それが人類一般の本来的な思考と言いきるには、なお立証すべき課題があると言えよう。これを「仮説」とするゆえんである。

レヴィ＝ストロースは、まず、十九世紀の社会学や人類学によって、世界各地にある原初的な段階の宗教と見なされてきたトーテミズムに関する学説を批判する。トーテミズムとは、従来、ある人間集団が特定の動植物や他の自然物と特別な結びつきを持ち、例えばその動物がその集団の祖先であるとか、その動植物を殺さず食べずといった親密な関係にあって、その動植物の名前を集団名としているような信仰や制度を指し、その特定の動植物等をトーテムと呼ぶ。

レヴィ＝ストロースは、トーテミズムは原初的宗教であるという従来の説を完全に否定し、トーテミズムという宗教は実在せず「幻想」であるとして解体する。トーテムを祖先であるとか殺さず食べずといった禁忌を持たない集団も世界各地で見られるからである。彼は、それは宗教であるよりも、本来無定形な人間の群れをそれぞれの集団として他の集団から区別し、分類する思考作用として解釈したのである。

自然界、および自然のままの人間の群れは連続的で無定形な世界であり、あらゆる文化はその連続的な自然のままの世界を弁別の体系に基づく「分類」によって、世界を秩序づけるものである。「分類」とはまさに秩序づけそのものなのである。トーテミズムとは、「分類」という人間にとって世界を秩序づけようとする普遍的な思考の一つの特殊なケースなのであった。

トーテミズムという「分類の思考」の特徴は、近代の科学的思考のようにそれぞれの集団内部の諸性格を分析し抽象化して特徴づけるのではなく、個々の人間集団間の区別を、外部の個々の具体的な動植物種をシンボル（記号）として、「比喩」を用いることによって、指し示すことにある。つまりは集団間の差異を動植物種の具体的な差異を用いて分類するのである。

例えばタカをトーテムとしてその名をもつA人間集団と、カラスをトーテムとしてその名を持つB人間集団とに分類されるとするならば、A集団がタカと似ておりB集団がカラスと似ているからではなく、タカとカラスの間の対立や相違点が、A集団とB集団の対立や相違点と似ていることによる。「類似しているのは類似点ではなく相違点」なのである。レヴィ＝ストロースの言に従えば、人間集団間の関係からなる「文化の系列」と、動植物などの自然種間の関係からなる「自然の系列」との間の照応関係によって分類がなされるということである。

ここで私なりに付言すれば、人間は一般に「カオス」の中で生きることはできず、常に何らかの「秩序」を求める。世界を秩序だてて解釈することで、一定の世界像をつくろうとするのである。「分類」とはそうした秩序ある世界像を作り上げる根本的な作業であると言えよう。また、これまでも指摘されてきたように、あることを理解することを日本語では「分かる」と言うが、それは「分ける」こと、「分類」することを意味したものであろう。「分類」による秩序立てによって、事物は理解されるのである。

レヴィ＝ストロースは、トーテミズムという「分類思考」の一事例をさらに敷衍し、「野生の思考」を論じる。トーテミズムが成立するためには、トーテムの多様性に対する細部への細心な注意と自然種の差異に対する精密な関心を必要とする。まさに加藤の言う「細部への関心」である。動植物等の自然種の外見（色や形態など）・習性・行動およびそれらの差異への精緻な観察が、トーテミズムの前提としてまずある。こうした精密な観察に基づく知識を「未開人」は実に豊富に持っている。十九世紀までの宣教師や人類学者は、彼らをただの「野蛮人」と見なしていただけだったが、二十世紀の人類学者が驚いたのは、感性と理性を切り離さず、感性と理性を統合して用いた「未開社会」の人々が、自分のまわりの世界を徹底的に詳しく観察して調べ上げ、自然界の事物に詳しい知識を持ち、それを生活に上手に利用しているという事実だったのである。「未開人」の自然種に関する驚くべき観察の緻密さと知識の豊富さは、多くの民族誌に報告されているところである。

あらゆる角度から徹底的に観察して事物を具体的に思考する、こうした「未開人」の思考を、レヴィ＝ストロースは「具体の科学」と呼ぶ。現代のように抽象的概念によって分析的に物事を理解するのではなく、具体的な物を用いて思考し、具体的なものを用い感覚的な能力を総動員しながら世界を知的に認識していくのである。

そうした観察や知識は、動植物等の自然種の食用などの「有用性」から求められたものというよりも、人間集団（社会）の分類を可能にするために求められたもの、とレヴィ＝ストロースは見た。従来の機能主義的人類学の言う「有用性」という考えを否定し、『今日のトーテミズム』の有名な言葉に従えば、動植物は「食べるのに適している」からではなく、「考えるのに適しているから」観察され、分類されたのである。

「野生の思考」としての「見立て」

ここでいったんレヴィ＝ストロースを離れよう。これまでの「日本文化論」には、日本文化とは「見立ての文化」、「見立て」は日本文化を読み解くキーワード、「見立て」という手法が日本文化の特徴、というような言説が見られる。「見立て」とは、言うまでもなく、あるものを別なものになぞらえて表現することであり、その基本的な原理は、あるものをとらえる際に、それを分析することによってではなく、他の具体的なものの「比喩」を用いることによって表現することである（「見立て」は「比喩」以上のものであるという議論についてはここでは触れない）。それは、例えば松岡正剛の『日本流』や田中優子等の『現代・見立て百景』で説かれているように、『平家物語』や『太平記』の世界の「見立てだらけ、アナロジーだらけ」の歌舞伎、中国の物語や各地の風景への「見立て」を多用する浮世絵、自然の樹木や岩、清流などに「見立て」られた庭園、風水の構造で宇宙に「見立て」られた都市、「市中の山居」あるいは「山中の他界」に見立てられた茶の湯の茶席、「見立て」で名づけられた茶碗、茶杓、水差し、釜の「銘」など、「アナロジー文化の極み」である茶の湯、富士山や銀座に「見立て」られた日本中にある○○富士や○○銀座等々、「見立て」の事例は枚挙にいとまがないほどである。

総じて俳諧や和歌、狂歌などの文学、絵画や陶芸などの美術・工芸、建築や庭園や都市、盆景や盆栽、能や歌舞伎などの演劇、生け花、茶の湯、料理から、現代の産業デザインや広告など、日本文化のあらゆる領域の中に、多様で多彩な「見立て」の手法が施されている。「見立て」とはまさに「日本のイメージ・メーキングの王者のような手法」（松岡正剛）なのである。

ここで再びレヴィ＝ストロースにもどるならば、既述のように、トーテミズムという「分類の思考」は、個々の人間集団間の区別を、外部の個々の具体的な動植物種の「比喩」を用いることによって指し示すことにあった。つまりそれはまさに人間集団を動物種に「見立て」たのであり、先の例でいえば、A集団とB集団の相違をタカとカラスの相違に「見立て」たのである。「見立て」とは、「日本文化論」が言うような日本文化の特徴などでは必ずしもなく、今日でもとりわけ芸術表現の技法として、世界中で多用されているものであり、また「野生の思考」という人類の原初的思考の特徴だと言ってよいだろう。日本文化には、この分類の手法としての「見立て」という「野生の思考」が受け継がれ、洗練させていると言ってもよい。

「野生の思考」の世界観的性格

以上のような「分類」の思考を別の側面から見れば、分類をある集団に内在する諸性格を抽象化して特徴づけるのではなく、自然界に存在し直接体験することが可能な（本書でしばしば用いた用語に従えば、「タンジブル」な）、その意味で「持ち合わせの」、「ありあわせの」素材を用いて集団を特徴づけるということである。それはレヴィ＝ストロースが「野生の思考」の特徴と見た「ブリコラージュ」という思考である。「ブリコラージュ」とは、あらかじめ全体的な設計図にしたがって、それに適合した道具や材料をそろえ、設計図通りに計画的に作るのではなく、持ち合わせの限られた雑多な材料や道具を使って、必要なものを工夫しながら作ることであり、「器用仕事」や「日曜大工」と訳される。「ブリコラージュ」という比喩を使うことによって、レヴィ＝ストロースは「野生の思考」と近代の「科学的思考」の相違を説明するのである。

ある必要なものを作る場合、「科学的思考」に立つエンジニアは、全体的な計画としての設計図に即して、機能や用途が一義的に決められている「部品（全体の一部）」を用いて作るのに対して、「野生の思考」に立つブリコロール（ブリコラージュする人）は、目下の計画には本来無関係の偶然手元に集められている「断片（全体とは無関係）」を状況的な目的に応じて用いるのである。「全体から部分へ」ではなく「部分から全体へ」という、まさに加藤周一が空間論で強調した思考と同様な思考である。

以上のような「未開人」の「野生の思考」は、レヴィ＝ストロースにとって、決して近代の「科学的思考」に劣るものではなく、また失われた過去の思考でもなく、現代にも存在するより普遍的にある思考である。「栽培化された思考」としての西洋近代の思考こそが、特定の時代と文化の下にある特殊な思考であった。それは、近代の知の体系によって、原初から続く連続性が否定された思考なのである。レヴィ＝ストロースの「野生の思考」論は、逆に、野生の普遍的思考を外に排除することで成立した西洋近代の知の基盤を掘り崩していこうということを意味していたのである。

レヴィ＝ストロースが説いた「未開人」の「野生の思考」と、本書が問題としてきた日本の「土着世界観」との関係はもはや明らかであろう。「未開人」の「分類」や「ブリコラージュ」といった思考は、彼らの「タンジブル」な身の回りにある世界の具体的なものを使ってなされる。

彼らのⅠ〈射程〉は、〈超越的ではなく日常的〉な「タンジブル」な自然的な世界であり、そのⅡ〈視点〉は、あらかじめ全体的な計画としての設計図に基づくものではなく、偶然手元に集められている全体とは無関係な「断片」を用いるものであって、〈全体的ではなく断片的（部分的）〉であり、そのⅢ〈思考〉は、抽象的概念によって物事を分析的に理解するのではなく、感覚的・具体的な物を用いて思考し、感覚的・具体的なものを用いて世界を認識していく「具体の科学」として〈抽象的ではなく具体的〉なものであった。当然にそのⅣ〈価値〉は、彼らのトーテムに象徴された集団を超える〈普遍的なものではなく、個々の集団そのものの特殊的なもの〉であったろう。「未開人」の「野生の思考」と日本の「土着世界観」とは、世界観の性格としては基本的に同じものだったのである。その意味では、世界観の性格という点で、日本の「文化」は「未開人」の「文化」を、そのまま残存させてきたものと言えよう。

レヴィ＝ストロースは、「具体の科学」を生み出した「野生の思考」が「新石器時代」に既に存在したことを説く。土器、織布、農耕、動物の家畜化といった重要な諸技術を人類が獲得したのが新石器時代である。これらの技術は、どれも何世紀にもわたる能動的な観察や仮説を立てての検証、実験の反復といった具体的な作業によって創造されたものである。先にも触れたが、日本では縄文時代ということになろう。

梅原猛の「縄文基層文化論」

ここで、生涯に渡って「大胆な仮説」を出し続けた梅原猛の最後の結論的な仮説である「縄文基層文化論」に触れておきたい。彼の『日本人の「あの世」観』を中心に、その「縄文基層文化論」をまとめてみよう。

梅原によれば、日本文化の深層にある「基層文化」は、「縄文文化」であり、それはアイヌ文化や沖縄文化と共通のものであるが、アイヌ文化と沖縄文化はその「基層文化」をより濃厚に残しているとする。沖縄文化が日本の「基層文化」を色濃く残すものであるとする考えは柳田国男と同様であるが、柳田はその「基層文化」を水田稲作に基づく「弥生文化」だと考えた（従って当然にアイヌ文化は除外される）のに対して、梅原はそれを「縄文文化」だとして、柳田を批判する。

その「基層文化」の内容については、「宗教」の面を重視し、梅原は以下のような四つの命題に集約する。

①あの世とこの世とは、空間と時間の秩序が反対であるとはいえ、隔絶したものではなく、あまり変わらないものである。従って、あの世には天国（ないし極楽）と地獄の区別もなく、死後の審判もない。

②人は死ぬと魂は肉体を離れ、あの世へ行って神になり、先祖の霊と一緒に暮らす。

③人間だけでなく、すべての生き物には魂があり、死ぬと魂は肉体を離れてあの世へ行く。

④あの世でしばらく滞在した魂は、やがてこの世へ帰ってくる。誕生とは魂の再生である。こうして

すべての生き物は永遠の生死を繰り返す（「永遠の循環」）。

梅原は「基層文化」として、宗教的世界観を重視し、その世界観の内容を以上のように説明した。それはまさにアニミズムのバリエーションと言い得るものであろう。以上のような内容を持つ世界観においては、「この世」では、無事に「あの世」に魂を送る葬式が最も大切な宗教儀式なのであり、外来宗教である仏教もまたこうした世界観を受容して変容する（葬式仏教化）ことによって、日本に根付くことが可能になったのであって、「葬式仏教になることによって仏教は日本に定着した」とするのである。既述のように、仏教でさえ、日本においては本質的にアニミズムであると梅原は見たのである。

しかし梅原の「大胆な仮説」は、そこにとどまらず、この「縄文文化」の世界観は、日本（アイヌと沖縄を含めて）の「根本的な世界観」だけではなく、「すべての人類に共通な原初的な」世界観を色濃く残しているものとし、日本の「基層文化」は世界に普遍的に存在した「基層文化」と同様なものでもあると主張するのである。それが農耕牧畜文明や都市文明の発達によって失われたが、日本の根底には、そのまま残ったのだという。(3)

縄文時代（新石器時代）には存在した日本文化の「基層」にあるものが、広く人類全体の文化の「基層」にあるものと同じものであり、他の世界では失われたが、日本にはその根底において残っている、という梅原の「大胆な仮説」は、私が本書で提起した「仮説」と同様なものである。異なるのは、私が世界観の性格だけを問題にし、その内容に踏み込まなかったのに対して、梅原はその思想内容までも、先の①〜④にまとめて提起している点にある。

さらに梅原は、以上のような「縄文基層文化」論を「学」としての面を逸脱して「当為」の面にまで拡大して主張する。彼は、その「基層文化」が持っている以下の二つの「重要な思想」を「普遍的原理」として指摘する。

①「生きとし生けるものの同根性と、その共存関係の重要性」という思想。

②「生命の持続、あるいは生命の永久の循環」という思想。

自我中心の近代西洋文明の行き詰まりに対して、今一度、人類の歴史を根本的に反省し直す必要から、この二つの重要な思想が、現在の世界で最も必要とされている、と力説するのである（さらには、そこから「日本礼賛」論にもつながっていく）。ここまでくれば、「もはや学問とは言えない」であろう。もちろんこの二つの考えを「当為」として主張することは本人の自由だが、それが「政策論」として主張されるなら、まだまだ粗雑極まりないものにとどまるであろう。

ともあれ梅原説に関して私が問いたいのは、世界に普遍的に存在した「基層文化」が、世界の他地域で失われたが、日本にはそのまま残ったのは何故か、という問題である。そのことこそ、従来の「日本文化論」が問うことのなかった問題であり、梅原もまたそれを問うてはいない。

レヴィ=ストロースの見た日本

レヴィ=ストロースもまた、「野生の思考」と日本の「土着世界観」の性格との同質性については、十分に認識していたであろう。

もちろん「未開人」と「日本人」は同じ思考様式を持つと直截的に言っているわけではない。「文化相対主義者」のレヴィ＝ストロースにとって、「未開人」の「野生の思考」は、決して卑下すべきものではなく、人類に普遍的に見られる思考であって、むしろ現代における「野生の思考」の復興さえ望んでいるとも言えるが、日本人を「未開人」になぞらえることは、多くの日本人にとっては不快な言であることは明らかであり、五回の訪日（一九七七～一九八八年）の機会を日本の国際交流基金などから招待されたレヴィ＝ストロースにとっては直截に言えることではなかったろう。

しかし彼の『クロード・レヴィ＝ストロース日本講演集――構造・神話・労働』や『月の裏側――日本文化への視角』にまとめられている断片的ないくつかの日本論からは、十分にそのことを伺うことができる。

例えば、『月の裏側――日本文化への視角』に収録された「知られざる東京」という論文の中に、「日本はその精神的な根源との密接なつながりは保ったまま、近代化することに成功した」と記す時、また「神話の時代と現代の感受性のあいだに、生きられた連続性を保っているさまを実感する」、あるいは「『悲しき熱帯』を書きながら、人類を脅かす二つの禍―自らの根源を忘れてしまうこと、自らの増殖で破滅すること―を前にしての不安を表明してから、やがて半世紀になろうとしています。おそらくすべての国のなかで日本だけが、過去への忠実と、科学と技術がもたらした変革のはざまで、これまである種の均衡を見出すのに成功」したのであり、「人類のすべてが、学ぶに値する一例をそこに見出す」と記す時、更には同書に収められた「川田順造との対話」の中で、「私は、『野生的なもの』が、私たちすべてのなかに存在し続けているということを、示したいと思ったのです。そして、『野生的なもの』がつねに私たちのなかにある以上、それが私たちの外にあるからといって、それを軽蔑すべきではないだろうと思うのです。このことはすべての文明について言えると思います。けれども、私が人類学者として賞賛してきたのは、日本がその最も近代的な表現においても、最も遠い過去との連帯を内に秘めていることです。それに引き替え私たちはと言えば、私たちに『根っこ』があることは良く知っていますが、それに立ち戻るのがひどく難しいのです。私たちがもはや超えることができない、溝があるのです。私たちはその『根っこ』を溝のこちら側から眺めています。日本には、こう言ってよければ、一種の連続性ないしは連帯感が、永久に、ではおそらくないかもしれませんが……今もまだ、存在しています」と述べる時、そしてより直接的に『講演集』(前出)の中で、「数ある工業社会の中で、日本は、アニミズム的な思考が今もなお生きている最後の社会である」と述べる時、レヴィ＝ストロースは、「野生の思考」と日本の「土着世界観」の同質性については、十分に認識していたことは明白であろう。

レヴィ＝ストロースは日本文化を、人間の普遍的な「精神の根源」、「根っこ」である「野生の思考」と西洋近代の科学技術とを同居させた稀有の文化と評しているのである。中沢新一は、『野生の思考(100分 de 名著)』の中で、「野生の思考」は日本の中に現代も生きているのであって、「『野生の思考』を日本論として読むことができる」と述べる。この中沢の言葉は、『野生の思考』はまさに日本文化論であると言い換えることができるのであり、日本の「土着世界観」をさらに探究するためには、レヴィ＝ストロースの『野生の思考』を読み込んでいくことも必要だと言えよう。

しかしレヴィ＝ストロースも梅原と同様、他の地域では失われた人類の普遍的な「精神の根源」である「野生の思考」が、日本文化にはなぜ残り続けたのか、という最も重要な決定的問題には答えていないのである。

2 「精神革命」の不在としての「土着世界観」

伊東俊太郎の「精神革命」論

そこで次に問題となるのは、他の文明諸国が「日常的・部分的・具体的・特殊的」な「土着世界観」から「超越的・全体的・抽象的・普遍的」な世界観に変化したのに対して、なぜ日本が「土着世界観」のままにとどまったのか、という点である。しかし実はその前に、他の国々が「土着世界観」から「超越的・全体的・抽象的・普遍的」な世界観に、なぜ、どのように転換したのか、という問題がある。

この点をより明確に理解するためには、加藤自身が論及しているわけではないが、科学史家の伊東俊太郎が説く「精神革命」論を援用することが極めて有効である。日本文化の性格をトータルに理解するには、この「精神革命」論が大きな意義を持っていると考えられるのである。まずは伊東の『文明の誕生』と『比較文明』という二つの著書を参照して、その「精神革命」論を見てみよう。

伊東は、〈ギリシア・ローマ→西欧→西欧世界の拡大〉という系譜を世界史の軸として、他の文明圏を「歴史以前」に追いやってしまう、ヘーゲルやランケ、マルクスも含む従来の西欧中心的世界史像を、一面的であり不十分で不正確なものとして批判し、「巨視的に人類史を広く見渡した場合」、政治史や経済史よりも、「文化史的な革命」が、決定的に人類の歴史の転換点を形づくってきたとして、「新しい人類史の時代区分」を提案する。

その「人類史の五つの転換点」として、

①「人類革命」（BC二〇〇万年～、ほぼ旧石器時代に該当）
②「農業革命」（BC一万年～、ほぼ新石器時代に該当）
③「都市革命」（BC三五〇〇年～）
④「精神革命」（BC八〇〇年～）
⑤「科学革命」（一六〇〇年～）

を挙げている。
①「人類革命」とは、猿から人間になったことであり（人類の成立）、その基準を文化のもっとも原初的な形態である「道具の発明」・使用、すなわち最初の「文化」に求める。そこに社会（集団）や家族の発生、言語の使用、武器の製作が開始される。「自然」から「文化」へがこの「人類革命」である。

②「農業革命」とは、農耕の開始である。これまでの不安定な狩猟採集に代えて、野生植物を栽培化し、野生動物を飼育化することによって、食糧を能動的に生産し確保するという積極的な営みを開始する。「野生植物の栽培」、「野生動物の飼育」こそ、まさに「文化」（ラテン語のcultura）の原義である。

③「都市革命」は、「農業革命」が大規模灌漑技術の発達により成功裡に進展し、余剰農産物が蓄積され、直接に農業に従事しない都市人口を養い得るところに成立する。その一般的な特徴は、王権や国家機構の成立であり、階級分化、金属器の使用、商業の勃興、文字の発明とそれによる基礎的な諸科学の成立である。それは「未開から文明」への移行であり、「文明」の原義とはまさに「都市化」であった。

④「精神革命」とは、BC八世紀～BC四世紀にかけて、ほぼ時を同じくして、ギリシア、インド、中国、イスラエルという四つの地域において深い体系的な思想がはじめて生まれた精神的変革（ギリシア哲学、インドのウパニシャッド哲学から釈迦の仏教、孔子や老子をはじめとする中国の諸子百家、イスラエルの原始ヘブライ思想から預言者たちに到る「旧約」の神への信仰）である。

⑤「科学革命」とは、「ギリシアの合理的な思考に加えて、実験をともなう実証的な新しい「科学的態度」というものをつくりだし、論理的には厳密だが、実証的な裏づけをもたないギリシア科学の遺産を、物に即して実験的・量的に分析する手法」を生み出した文化革命である。こうして創出された近代科学は、「精神革命」によって生じた科学（体系的理論知）とは異なり、単に合理的なだけでな

く、同時に実証的・実験的であり、単なる自然の観察ではなく、自然の「支配」を目指す「力としての知」を実現したものであり、それを現実世界に適用することによって産業革命を遂行し、今日の資本主義的産業文明を形成して、西欧が世界を支配するに到るのである、とする。

それまでの②〜④の革命が世界のいくつかの地域にほぼ並行して起こったのに対して、「科学革命」が十七世紀の西欧という特殊な地域においてのみ生起し、その後、「科学革命」は全世界史的な意味を持つに到る。

この五つの転換点の中で、日本の「土着世界観」を考える場合に大きな意味を持つのは、④の「精神革命」である。この「精神革命」の時代への注目は、実は伊東だけではなく、以前から、ヤスパースがその時代を「枢軸の時代」ないしは「軸となった時代」と呼んだ時代で、当時のヨーロッパの学者の間では広く注目されていたのである。伊東によれば、それは、それまでの「アニミズム」の世界の「素朴な呪術的・神話的思惟方法を克服して、あれこれの日常的・個別的経験を超えた普遍的なるもの、例えばギリシアではロゴス、インドではダルマ、中国では道、ヘブライでは律法を志向し、この世界全体を統一的に思索し、そのなかにおける人間の位置を自覚しようとする」時代であった。

それは一地方の特殊的事件ではなく、人間精神の最初の偉大な昂揚を示した世界的変革期であった。さらに「科学史的には、経験的・個別的な日常知にとどまらない、原理よりする体系的で合理的な一つの理論知としての科学が」生まれ、「一定の理論をもとにして現象が整除され、説明される組織だった理論としての科学が現れてくるのであり、これはそれ以前の断片的な実用知とは異なったタイプのものとしてはっきり区別されなくてはならない」のである。近代以前の数学、天文学、自然哲学などの「古典科学」としての「中国の科学」、「インドの科学」、「ギリシアの科学」がこうして成立したのである。

伊東は、この「精神革命の特質」を、

①集団の思考から個人の思考の出現

それまでの部族などの社会集団の思想や信念を脱した個人の思想や信念があらわれることによって、個別の集団を超え多様な人間を超えた普遍的な思想や信念への方向性が現れてくる、

②アニミズム等の呪術的神話的な思惟方式から思想の合理化の方向

人間理性に基づく世界の合理的把握への精神の飛躍が開始された、

③日常的個別的な感覚経験をこえて、普遍的な究極の原理を志向し、世界全体の意味を統一的に見直し、その世界のうちにおける人間のあり方を自覚しようとした（この普遍的な原理の内容は、それぞれの文明圏において異なる）、

と特徴づける。この伊東の論を本書の整理に即して言えば、

「精神革命」を、

Ⅰ〈射程〉における〈日常から超越へ〉

Ⅱ〈視点〉における〈部分から全体へ〉

Ⅲ〈思考〉における〈具体から抽象へ〉

Ⅳ〈価値〉における〈特殊から普遍へ〉

と言い換えることができよう。

「精神革命」が以上のような文化革命であるならば、日本の「土着世界観」とは、「精神革命」以前の世界観の性格を持つものであり、日本にはその「精神革命」が及ばなかった、ということができる。まさにこの「精神革命」こそ、他の諸国が「土着世界観」を脱した理由であり、日本が「土着世界観」のままにとどまった理由であったといえよう。

それでは、こうした「精神革命」が起こったのはなぜか。伊東によれば、「都市革命」が先行し成熟したこれらの地域においては、無数の都市国家が分立し、それぞれが競い合うことで都市国家の不安定化をもたらし、より広域な領土国家への希求・再編の大きな変動期にあったこと、そのためにそれら都市国家の基底にある様々な個別の人種や文化（言語、信仰体系、風俗習慣、生産技術と生産文化、芸術）を幅広く統合する必要があったこと、また当時中央アジアの騎馬民族の農耕文化圏への侵入が繰り返され、都市国家群とはかなり異質の遊牧民の文化からの影響を受けたことなどを挙げている。

これらを私なりに敷衍すれば、多くの異質な集団の競合のなかから、それらを統合するために、個別の諸集団の経験的日常的な世界を超越した世界を想定せざるを得ず（Ⅰ〈射程〉）、個別民族といった部分にとらわれることなく、それを越えた人間集団を全体的にとらえようとして（Ⅱ〈視点〉）、具体に即することなく、異質なものを抽象化し通約しながら（Ⅲ〈思考〉）、個々の集団の持つ特殊的な価値に代えて普遍的な価値（Ⅳ〈価値〉）を必要とすることによって、「土着世界観」から「超越的・

包括的・抽象的・普遍的世界観」への転換が引き起こされた、と言うことができよう。個別の集団の中だけに通用する社会規範ではなく、異質なあらゆる集団を越えて普遍的に適用される客観化された社会規範（善と悪、正義と不正）のシステムが必要とされたのであり、また個別具体的な物々交換に替えて普遍的な貨幣の流通もこの時期に成立したのであり、さらには個別共同体の中の具体的な時間観念（例えば、先に触れた真木悠介がエヴァンズ＝プリチャードの著書から引用しているスーダンのヌアー族の時間観念は、「牛時計」であり、牛舎から牛を連れ出す時間、搾乳の時間、牧草地につれていく時間、等々の牧畜作業の区切りとなる時点で表現されている具体的な時間である）に代わって、時計や暦などの抽象的で普遍的な時間もまた成立してきたのである。

先に加藤の空間論で述べたように、異文化との日常的なコミュニケーションと人的接触をもった「開かれた空間」が、以上のような「超越的・全体的・抽象的・普遍的」な思考を成り立たせたのである。

対して日本には、この「土着世界観」から「超越的・全体的・抽象的・普遍的」世界観への転換が基本的に存在しなかったこと、逆に日本に外から入ってこようとする「超越的・全体的・抽象的・普遍的」世界観は、常に「土着世界観」によって、またその方向に修正され「日常的・部分的・具体的・特殊的」世界観のままに止まったということになる。この点が日本文化をトータルに理解しようとする私の「仮説」には、大きなポイントになっているのである。

それだけではない。「はじめに」で述べたように、日本文化論研究の最も困難な点は、日本文化の

「固有性」を論証するためには、日本の文化を他のすべての国や集団の文化と比較しなければならない点にある。すべての集団との比較は困難である。しかしこの「精神革命」という一本の補助線を引くことによって、比較の対象はかなり整理されることになる。大まかではあるが、少なくとも「精神革命」が及んだ地域の集団は、日本の文化とは決定的に異なる世界観を持っていることになり、それが及ばない地域の集団は、日本の文化と同様の世界観を持っていることになると言えよう。

ところで「超越的・全体的・抽象的・普遍的」な思考様式の性格は、従来、近代西欧の特有な思考様式と考えられてきた感がある。既述のようにレヴィ＝ストロースは、近代西欧にのみに成立した特殊的な「科学的思考」と「野生の思考」と対比した。確かにそうした性格を持つ思考が近代西欧に最も典型的に現れている。しかしそれは、ポスト・モダンが批判した西欧近代だけに妥当する思考ではなく、程度の差はあるとはいえ、はるか以前に「精神革命」を経て形成された思考様式だと見ることができよう。レヴィ＝ストロースが、「科学的思考」と「野生の思考」とを直接に対比する前に、実は「野生の思考」と「精神革命」後の思考とを、まずは対比させるべきであっただろう。この点を飛ばして、レヴィ＝ストロースはいきなり「野生の思考」を西欧の「科学的思考」と対比させている。その点は多くの「日本文化論」も同様なのであり、日本と西欧との対比のみを問題にして事足れりとしているのである。日本文化論にとって重要なのは、西欧との対比よりも、まずは「精神革命」後の中国、インド、ギリシャ等との比較であろう。

ここで敢えて付言すれば、本居宣長が、日本に固有な「感性と思惟」を求めて、執拗に批判し続けた「さかしら」な「漢意《からごころ》」や「仏意《ほとけごころ》」とは、言うまでもなくレヴィ＝ストロースが問題とした近代西欧の思考ではなく、まさに「精神革命」後の中国やインドの「超越的・全体的・抽象的・普遍的」な思考様式と言ってよいだろう。宣長の比較は、日本と西欧ではなく、日本と中国・インドであった。「漢意」や「仏意」に対して、宣長は、吉本隆明が言うように（『本居宣長』を読む」、『悲劇の解読』）、「抽象・論理・原理」を「空理」として排した後に、「手触り、舌触り、眼触りによって経験される蝕知の世界」（本書でこれまで述べてきた「タンジブル」な世界）に「古意《いにしえごころ》」ないし「大和魂《やまとごころ》」と称するものを見出したのである。

もっとも、それは、再び吉本の言を借りれば、「宣長のいうようにわが国だけにある「万邦無比」なものでも何でもなく、ゲルマンの森林にもラテンの海にも、ポリネシアの島にも、およそ未開の自然宗教の遺制あるところに、いつも人類が体験した感性と思惟にほかならない」のである。

日本列島の地政学的特質

それでは日本には、なぜその転換が起らなかったのか。そこに日本列島の地理的位置、あるいは地政学的な特性が浮かび上がる。日本列島の地理的位置の重要性に関しては、従来の「日本文化論」の多くの論者が繰り返し述べているところであるが、加藤もまた先に触れた『平凡社大百科事典』の「日本」という項目の中で、以下のように記している。

アジア大陸東端に接して太平洋上に位置する日本列島は、大陸からの「大規模な軍事的攻撃を困難にするのには十分なほど遠く、そこから高度の文明を輸入するためには障害とならぬ程度に近かった」のであり、したがって日本は、高度な文明に併合されることもなく、逆に大陸側の高度な文明を摂取して消化することができたのである。その意味では、この日本列島の地理的位置は、「日本の歴史に与えた影響は計り知れない」のである、と。ここで「高度な文明に併呑される」ということが、「土着世界観」から「超越的・包括的・抽象的・普遍的世界観」への転換に相当する。

実はこの考えを加藤に先駆けて強調したのも丸山眞男であった。丸山は早くから繰り返し主張していたのではあるが（既述の『丸山眞男講義録［第四冊］日本政治思想史１９６４』、『丸山眞男講義録［第六冊］日本政治思想史１９６６』、『丸山眞男講義録［第七冊］日本政治思想史１９６７』に加えて『丸山眞男講義録［第五冊］日本政治思想史１９６６』の講義録でも、その冒頭部分にこの日本列島の地政学的特性が説かれている）、ここでは先に挙げた「原型・古層・執拗低音――日本思想史方法論についての私の歩み」での記述を取り上げてみよう。

そこには以下のように説かれる。日本と大陸の間にある対馬海峡の重要性を、イギリスと大陸との間にあるドーヴァー海峡に比較して、強調している。海峡そのものがなく大陸と地続きだとすれば土着の文化が大陸の高度な文明よって併呑されてしまうことは明らかである。しかしたとえ海峡があっても、狭いドーヴァー海峡で隔てられたイギリスは、既に紀元前にヨーロッパ大陸と一体化するほどに大陸の高度な文明に呑み込まれていた。これに対して日本は、イギリスに較べてあまりにも大陸から遠い、かといってミクロネシアやメラネシアと較べればあまりにも大陸に近いという位置にある。

従って大陸の高度な文明に併呑もされず、無縁にもならないで、「自主的に」対応することができたのであり、その結果として外からの文明に対して非常に敏感で好奇心が強い反面、他方で、文化の自己同一性を頑固に維持することができ、「未開民族」の特徴と言われた驚くべき民族的等質性を保持している、とする。

丸山は大陸の中にある朝鮮や大陸と近接するイギリスのように、高度な文明の圧力に壁を流されて同じ文化圏に入ってしまう型を「洪水型」とし、日本のような型を「雨漏り型」と名付け、その結果として、「外来文化の圧倒的影響といわゆる「日本的なもの」の執拗な残存」を日本文化の特質として捉えるのである。一言付言すれば、ここで丸山が「日本的なもの」と言うのは必ずしも「日本的なもの」ではなく、既述のように「未開的なもの」、「野生的なもの」であるのだが。

ともあれ対馬海峡で隔てられた「島国」としての地理的位置の重要性は、多くの「日本文化論」で指摘されることではあるが、重要なのは対馬海峡だけではないとする説を提示しているのは、柄谷行人（『日本精神分析』）である。高度な文明による併呑に到るには軍事的征服という要素を重視し、日本が軍事的に征服されなかったのは、必ずしも対馬海峡という海に隔てられたという要因だけではなく、朝鮮半島の存在そのものを重視する。例えば「モンゴルも、朝鮮半島を支配するのに三十年もかかり」、「彼らが日本征服を断念したのは……「神風」（台風）が吹いたからではなく、朝鮮における抵抗に力を使い切ったから」と解し、「この朝鮮の存在が、日本における政治的・文化的形態を大きく規定」しているとするのである。確かにモンゴル帝国のはるか以前から中国は周辺諸国に積極的な進出を試みた時期が何度かあり、ドーヴァー海峡よりは広いとはいえ対馬海峡の存在だけでは不足だったかもしれない。朝鮮半島の存在がなかったならば、そうした折に日本列島は征服され、大陸の高度な文明圏に併呑されていた可能性も十分考えられよう。柄谷の主張も十分に頷ける。ともあれ対馬海峡と朝鮮半島の存在という日本列島の地政学的位置は、「日本文化」にとって、決定的な要因となっているのである。(4)

「野生の世界観残存・洗練」仮説の提案

以上のように、対馬海峡や朝鮮半島の存在という重要な地政学的要因を考えれば、世界の多くの集団（民族）に中に、「精神革命」が普及し、東アジアでは朝鮮半島まで及んできたが、地政学的要因の故に、最後まで「精神革命」を拒み続け、「土着世界観」を持ち続けた点に、他方で「土着世界観」を持ちながらも、「精神革命」後の世界と接触を保ちながら、個々の分野で高度に洗練された文化を築き上げた点に、〈日本的なもの〉（＝日本の個性）を求めることができるのである。これを、〈日本的なもの〉とは何か、という問いに対する私の結論としておこう。(5)

従ってこれまでも多くの論者が説いてきた「東洋対西洋」という対比は、ここではそれほど問題にならない。「日本文化論」の中には、はじめから東洋的なものを日本的なものと同一視して、それを西洋的なものと対置する説も散見される。しかし中国やインド、およびそれらの高度文明の及んだ周辺諸国と日本とは、「精神革命」を経て普遍的世界観を持った地域と「土着世界観」を残したままの地域として、東洋と西洋以上にその違いは大きいのである。

最後に一言加えれば、この日本列島の地政学的位置という重要な条件により、世界観の性格という点において、列島内において人々の「単一性」ないし「共通性」が保持されたと言えよう。今日、既述のように単一的な日本人像への批判（既述の網野善彦、赤坂憲雄、小熊英二等）は多い。それらは精密で実証的な日本研究としても、偏狭なナショナリズムに対する批判としても十分に意味のあることであろう。もちろん本書は、日本人が「単一民族」であると言っているのではない。既述の「文化」の定義を「生活様式」とすれば、個々の文化においては、「精神革命」による普遍的なもの浸透を経なかったが故に、逆におしなべた画一化・均一化が起こらずに「いくつもの日本」（＝それぞれの地域の様々な「生活様式」）が存続しつづけたことは確かであろう。しかし、こと根本的な世界観の性格に限って言えば、列島内において、その起源がいくつかの出自を持った人々からなるとはいえ、同じ「土着世界観」の性格が存在しつづけ、その意味での「単一性」ないし「共通性」が保持されたのである。「いくつもの日本」論によって、「単一性」を全否定することは早急であろうし、逆にこの「単一性」によって、行き過ぎたナショナリズムを主張することも早急であろう。「単一的」である「土着世界観」はかならずしも日本の個性・特質ではなく、かつてはどの世界にも存在し、現在も「未開」社会に存在するものだからであり、その国の個性に基づき主張されるようなナショナリズムは、このような「単一性」や「共通性」によっては成立しようがないからである。また「単一性」や「共通性」によって、本書が「単一民族神話」の主張だと批判されるいわれもない。

図表6 「野生の世界観残存・洗練」仮説

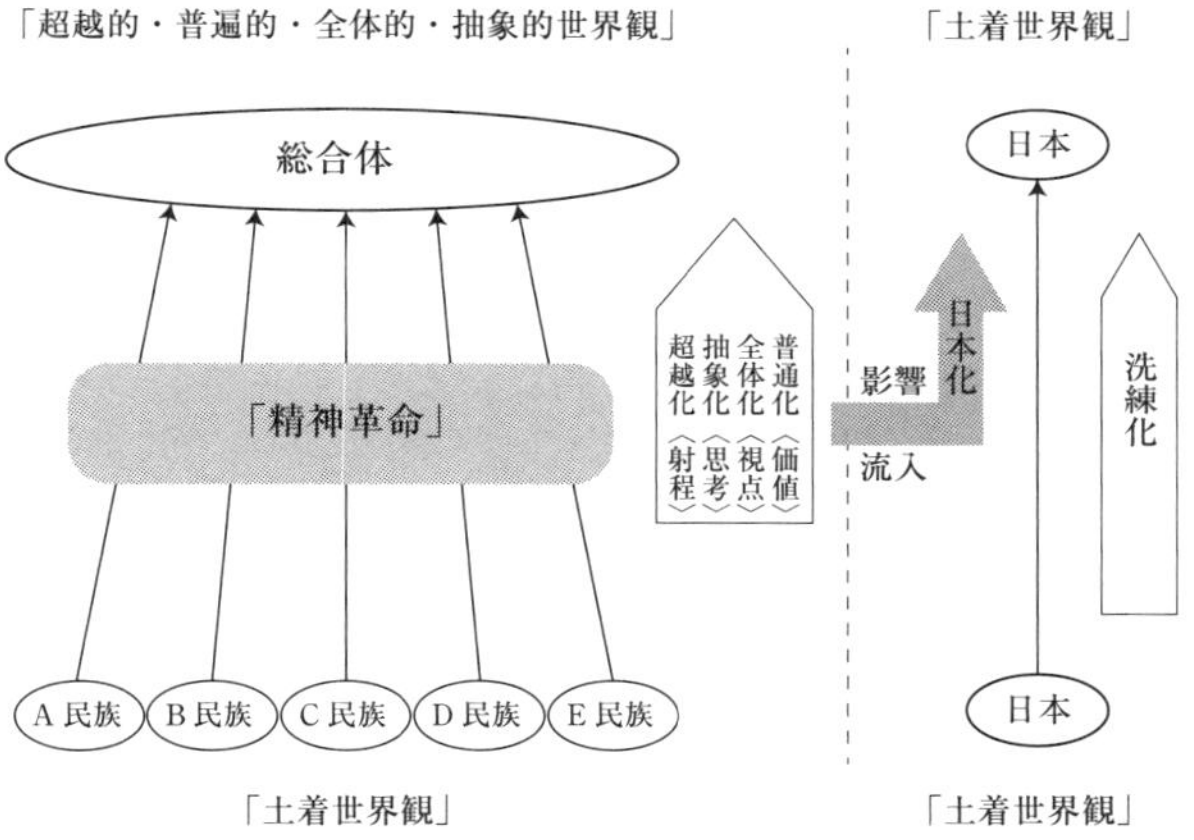

出典：筆者作成

　以上のように私は、加藤周一の「日本文化論」から説き起こし、レヴィ＝ストロースと伊東俊太郎を援用しながら、一つの「仮説」を提起し、その仮説の蓋然性を高めようとしてきた。加藤の言う「土着世界観」がレヴィ＝ストロースの「野生の思考」と、世界観の実質的内容はともあれ、同じ性格を持つものであり、伊東の言う「精神革命」の時代を経た後も、「精神革命」を受け入れずにそのまま存続し続け、他方で「土着世界観」を持ちながらも、諸芸術から日常生活におよぶ個々の分野で、高度に洗練された文化を築き上げた、とするのが、私の日本文化に関する仮説である。これをレヴィ＝ストロースに敬意を表して、仮に「野生の世界観残存・洗練」仮説と名づけたい。それを表わしたのが図表6である。それは日本文化論の大きな「見取り図」でもある。従来の多くの「日本文化論」がこの仮説によって根拠づけられ、説明され、あるいは位置づけられ、さらには修正されることになるだろう。「土着世界観」というのは、これまでのべてきたように日本に固有なものではなく、世界的に存在した「野生の思考」を伴う「未開的」な世界観なのである。

なお、最後に付け加えておきたい点は、私は、日本の個性＝〈日本的なもの〉の具体的な内容に踏み込んではいないということである。もしそれを求めるとするならば、「土着世界観」の「残存」の側面だけではなく、「土着世界観」による「洗練」の側面をさらに見ることによって、「洗練」の過程、それは創造の過程でもあるが、そこに働いている「洗練」の論理を抽出しなくてはならないであろう。その点については、例えば松岡正剛が『日本流』等の一連の著作で、既述の「見立て」や、さらに「やつし」、「もどき」、「むすび」、「あわせ」などという言葉を使って説く日本の「編集方法」を、日本文化の「洗練」の営みとして理解することも可能であろう。しかしそのためには比較可能な普遍的な概念やその明確な定義がなお必要とされていると思われ、ここではこれ以上の言及を留保したい。

またその「洗練」の過程は、普遍的な世界観を持った外来の文明の受容からも大きな影響を受ける。外来文明が日本文化の「洗練」に影響を与え、その文化の内容を豊かにする側面も十分にあろう。しかしその点についても、ここではこれ以上の言及は留保したい。

【注】

（1）本書ではここで、またこれまでも、あえて「未開」という語を使った。「未開人」という語は社会進化論的な用語であり、また西洋中心主義を含意する言葉であるが、「野蛮人」や「土人」、「土民」はさらに差別的用語であり、「現地人」も人種的偏見を含んでいる。「原始人」は原始時代という特定の時代に限定される感がある。「野生人」と言うのがよいのかも知れないが、「野生」のイメージがやや漠然とするように思われ、ここではあえて「未開」という語を使用した。

（2）日本文化の起源ないし基層に関する議論として、北方アルタイ的要素や南方大陸系要素、南島系要素の存在、また「照葉樹林文化」論や「ブナ林文化」論、さらには牧畜文化に対する農耕文化、縄文文化対弥生文化、東日本型対西日本型等、様々に議論されているところであるが、本書で問題とする世界観の性格という文脈では、そうした諸要素の相違は問題とはならない（もちろんそれらの系統に関する研究そのものを無用と言っているのではない）。それらの文化は、世界観の性格という点でともに本書で言う「土着世界観」と一括できるものだからである。

（3）なお、レヴィ＝ストロースは、「野生の思考」は新石器時代（日本では縄文時代）に成立したと考えたが、梅原は、上記の世界観は旧石器時代に形成されたと考える。本書の趣旨からは、どちらの時代に成立したかは問題でないが、いずれにしても両者は、新石器時代（縄文時代）には、そうした「思考」ないし「世界観」が存在していたと考えている。

（4）日本の地政学的要因を重視した近年の「日本文化論」として、内田樹の『日本辺境論』がある。内田は、「日本は辺境であり、日本人固有の思考や行動はその辺境性よって説明できる」とし、丸山眞男等を援用しながら、日本文化の個性・特性を日本の「辺境性」という地政学的要因から説明しようとする。内田の言う「辺境」とは、「同心円的な華夷秩序のコスモロジー」を前提とした「世界整序」の最も外側に位置する場所である。そこでの「辺境人」は、自己の確固たる普遍的な原理・原則・「価値」を持ちえず、ここではないどこか、外部のどこかに、世界の中心たる「絶対的価値」があると考え、それにどうすれば近づけるのか、どうすれば遠のくのか、専らその距離の意識に基づいて思考と行動が決定されている、そのような人間であるとする。従って「辺境人」たる「日本人のナショナル・アイデンティティ」とは、「世界のどんな国民よりもふらふらきょろきょろして、最新流行の世界標準に雪崩を売って飛びついて、弊履を捨つるが如く伝統や個人の知恵を捨て、いっときも同一的であろうとしないというほとんど病的な落ち着きのなさ」にあり、日本はキャッチアップできるのみの国であって、世界標準に準拠してふるまうことはできるが、世界標準を新たに設定することはできない、それが辺境人の限界である、とまで言い切るのである。

他方で、その「辺境性」の故に、辺境人は中心的先進地域からの「学ぶ力」を開発せざるを得なかったのであり、「日本人は学ぶことについて世界でもっとも効率のいい装置を開発した国民」であり、「学ぶ力」が「日本文化とその国民性の深層構造に（「執拗低音」のように）鳴り響いている」と主張する。

以上のような内田説の問題は、「辺境」があたかも日本だけであるかのように位置づけたことにある。「辺境」とは同心円的な華夷秩序の最も外側にある以上、必ずしも日本だけではなく、同心円上の外側には多くの集団が存在することになるが、そうしたすべての国や民族が、みな内田の言う「辺境」の文化を同様に持っているのかという疑問が残る。そうであるなら「辺境性」は必ずしも日本の個性・特性とは限らないことになろう。「辺境」にも多様な様相があり、日本文化の個性を考える場合には、日本に固有な「辺境」的特質を考慮しなければならないことになるのである。

（5）レヴィ＝ストロースは『野生の思考』の中で、「トーテミズムの真空地帯」として、「ヨーロッパとアジアの大文明地域」を挙げ、南北アメリカやオーストラリアやアフリカに広く存在する「トーテミズム」文化が、「高度文明」の発祥地であるユーラシア大陸には存在しない事実を指摘している。この「高度文明」を「精神革命」の帰結と解し、それが及んだ地域が主としてユーラシア大陸と見れば、「土着世界観」としての「トーテミズム」文化は、「精神革命」による普遍的世界観にとってかわられたものと解することができる。

第六章　従来の「日本文化論」をどう理解するか

1　ベネディクト『菊と刀』

従来の「日本文化論」は、一つひとつの論考が他の論との関係をあまり論じることなく、個別的、独善的な自己主張となっており、理論の積み重ねの代わりに、一方的な自己主張となってしまっている点、従って「学」としての性格を欠くものである点については、「はじめに」で述べた。加藤周一の「日本文化論」もこの点に関しては同様である。こうした点に鑑み、本章では加藤の「土着世界観」論を土台として私が提起した日本文化の「野生の世界観残存・洗練」仮説が、従来の「日本文化論」とどのような関係にあるか、主要ないくつかの「日本文化論」との関係を考察していきたい。

もちろん膨大な数にのぼるすべての「日本文化論」を対象とすることはできず、ここでは天皇至上主義的な国家主義という時代の思潮から自由ではありえなかった数多の戦前の「日本文化論」を除いて、まずは戦後の「日本文化論」に限定し、中でも「ホーリスティックな論考」で、知識社会のみならず一般的にも広く受容され影響力をもった著作をいくつか取り上げたい。日本人の倫理規範を中心とするルース・ベネディクトの『菊と刀――日本文化の型』、日本の社会構造に焦点を当てた中根千枝の『タテ社会の人間関係』、日本人の心理の面からアプローチした土居健郎の『「甘え」の構造』である。上記の他に、本来ならば宗教を中心とする山本七平（イザヤ・ベンダサン）の『日本人とユダヤ人』も取り上げるべきであろう。しかし彼が世界で最も強固な宗教とする「日本教」ないし「人間教」を、江戸期信州真田藩、恩田木工の藩政改革の例を引きながら、自分がこうすれば、きっと相手もそれに応じてくれるはずだ、すなわち相手が常に自らの予測どおりに反応してくれるだろうという期待や相互信頼感であるとしており、全体の叙述は説得的であるとはいえ（もっとも浅見定雄の『にせユダヤ人と日本人』に示されたように個々の事実に間違いが多いが）、まったく捉えどころがない宗教概念であり、その意味では概念規定が比較可能な概念としては、あまりにあいまいであるが故に、さしあたって本書では除外した。

次に「日本文化論」の中では、おそらくは最も精緻な理論的分析を長年に渡って行ってきた濱口恵俊の『「日本らしさ」の再発見』を、そして最後に私の「野生の世界観残存・洗練」仮説におそらくは最も近い立場に立つグレゴリー・クラークの『日本人　ユニークさの源泉』を取り上げた。

そこから従来の「日本文化論」のおおよその全体と私の「野生の世界観残存・洗練」仮説との理論的な関係が浮かび上がってくるものと考える。

ベネディクト『菊と刀』

最初に取り上げるのは、ルース・ベネディクト『菊と刀』である。戦後直後に著され、その直後に日本語に翻訳されたこの書は、倫理規範（価値観）を中心としながらも、生活様式や社会構造までを含む「日本文化」の広範囲にわたる包括的な全体像を初めて提示したものであり、その後の「日本文化論」に影響を与え続け、戦後の「日本文化論」の「起点」に位置づけられる。本書は時間的な起点であるだけではない。津城寛文が『日本の深層文化序説』において、『菊と刀』は、「それ以後の日本論のほとんどの論点をさきどりしており」、その後の同書に対する多くの批判は、「批判というよりは補正あるいは補注というべきもの」であって、現在の日本論も「『菊と刀』の改訂作業にすぎないとすらいえる」とまで述べているように、日本文化論を理論的に積み重ねていく場合の、その「基点」ともなるべきものである。

この書に対する従来の多くの批判者たちが言うように、『菊と刀』は、①日本の歴史についての正確な知識に欠けていたため、個々の多くの点で誤りがあること、②通史的な検討ができていないため、特定の時代の日本人の性格を通時的な国民性一般とする場合があること（通時性の問題）、③年齢・階層・職業などの属性を無視して国民性一般とする場合があること（共時性の問題）等がある（南博『日本人論——明治から今日まで』の整理による）。とはいえ、青木保が言うように、「解釈と想像力」を発揮するところに生まれるホーリスティックな「全体像」も「質的」な研究として得難い学問的所産であり、学問的に大きな意味は確かにあると言えよう（『「日本文化論」の変容』）。

倫理規範（恩・報恩）

この書は大きく分けて日本文化の倫理規範（道徳）と社会構造の分野から構成されているが、細かな多様な論点を捨象し、その内容を整合的な理論として大筋を再構成すれば、以下のようになるだろう。

ベネディクトにとって、日本人は欧米人の眼から見れば数多くの矛盾に満ちており、思想や行動において二律背反的であって、原則も一貫性もないように映る（第一章）。そのタイトルにあるように、一方で美を愛好し菊作りに秘術を尽くすほど「耽美主義」的であり、他方で刀を崇拝し武士に最高の栄誉を帰するほど「軍国主義」的でもある。そうした矛盾を、ベネディクトは数多く挙げている。喧嘩好きとおとなしさ、不遜さと礼儀正しさ、頑固さと順応性、従順だがこづき回されることを怒る、忠実・寛容さと不忠実・意地悪さ、勇敢さと臆病さ、保守的（固陋）だが新しいものを喜んで迎え入れる、他人の眼を気にかけると同時に他人に知られない時にも罪の意識に打ちひしがれる（この部分は長谷川松治の訳文とは異なる――濱口惠俊『「日本らしさ」の再発見』の指摘による）、徹底的な訓練に耐えるが反抗的であるというように。従って問題は、こうした無原則性ないしは統合性の欠如はいかなる「文化の型」に基づくものなのか、ということであり、ここからベネディクトの議論が始まる。日本的なものは、仏教的でも儒教的でもない。なぜなら仏教的なものも儒教的なものも、原則的であり統合的だからである。ベネディクトが中心問題としたものは、日本的な文化の基底にある倫理規範（道徳）であった。

ベネディクトは、日本文化の基底にある倫理規範（道徳）の根本を、「恩」であるとし（第五章）、「恩」は債務であり、恩を忘れずに「恩を返すこと（＝「報恩」）」が日本人の習性の中で最高の倫理規範の地位を占める、とする。

この「報恩」（「恩返し」）が日本人の倫理規範の根本となり、「義務」となる（第六章）。「報恩」としての「義務」には、第一に限りの無い無限の「義務」（狭義の義務）としての、忠、孝、任務（自分の仕事への義務）と、第二に「義理」であるとする。「義理」とは、①主人、近親、直接に恩を受けた他人、遠い親戚等に対する「世間に対する義理」と、②汚名をすすぐ義務（報復、復讐の義務）、自分の失敗や無知を認めない義務、礼節を行なう義務（行儀作法、身分相応の生活等）といった「名に対する義理」とからなる。

「義理」は第一の「狭義の義務」と異なり、「不本意」ながら行なうという点に特徴があり、日本文化の独特の範疇として、世界の文化の風変わりな倫理規範の中でも、最も珍しいものと、ベネディクトは言う。

①の「世間に対する義理」を果たすことは、忠や孝という「狭義の義務」が無限に続く返済であるのに対して、等量の返済であり、「契約の履行」という考えに近い。好意を返す義理、信頼に応える義理、交際の義理などは、必ずしも「契約の履行」と一致するわけではないが。また実の両親に対する孝が無限の返済であるの対して、法律上の両親（義父・義母）は「世間への義理」の範疇に属する。この「世間に対する義理」に違反した場合には、「義理を知らぬ人間」として世人の前で「恥」をか

くことになり、世論の圧力が「義理」を迫り、不本意ながら「義理」を果たさざるを得ないことになる（第七章）。

②の「名に対する義理」（ベネディクトの新造語）は、汚名をきないようにする義務、「自分の名声を汚さないようにする義務」であり、必ずしも「恩」の返済とは限らない（第八章）。それは、誹謗や侮蔑といった名誉棄損者に対してみずからの汚名をすすぐための報復や復讐の義務、みずからの職業や技能において失敗や無能の汚名（「恥をかく」）を避ける義務、様々な礼節を守り身分に応じた生活をするストイシズムに通じる義務である。なお汚名をすすぐことが有力な行動の動機となっているのは、ニューギニアやメラネシアなどの太平洋諸島の多くの「未開諸民族」と同様であるが、中国人やインド人はこうした性格をもってはいないとして必ずしも東洋的な性格ではないとベネディクトは指摘する。中国人は侮蔑や誹謗に対して神経過敏になることは「小人（道徳的に卑小な人間）」の特徴であるとするからである。

人情

以上のような義務（「狭義の義務」と「義理」）といった倫理規範の世界に対して、人間の自然の感情と言うべき「人情」の世界はどのように位置づけられるのであろうか（第九章）。

結論的に言えば、この二つの世界は分離されていて別の世界とされ、一つの世界に統合されてはいない。普遍的な倫理規範に基づく統合的な世界が未成立だということである。源氏物語から現代小説に到るまでに描かれているように、性愛（肉体的快楽）の領域では、欲望の満足（快楽）を罪悪と考えず、快楽は尊重され追求されるだけではなく、学ばれ芸術のように練磨されることさえある。「恩」に基づく義務の世界（「狭義の義務」と「義理」）が禁止する倫理規範（道徳）の範囲外であれば、人生の中の低い位置におかれた人情の世界では、どう楽しもうと差し支えないものと考えられているのである。

結婚と恋愛とは、一方が主要な義務の世界（妻に属する領域）として、他方が些細な気晴らしの世界（性的享楽に属する領域）として、明確に区別され二つとも公然と認められている。同様に、飲酒、温浴、睡眠、食事なども、それ自身を快楽に属する一つの世界（「人情」の世界）として様々な形で追求される。快楽は追求され尊重されるのである。しかし他方でこの「人情」の世界と義務の世界とが抵触する場合が生じることもある（義理と人情の相克）。その場合には、「人情」を抑え義務を遂行することが求められ、人情（快楽）は一定の限界の中にとどめるように要請される。そのための困難に堪える心構え、意志の強さといった「人間の強さ」が日本人の重要な美徳とされるのである。

行動規範

それでは以上の倫理規範に基づく日本人の行動規範はどのようなものなのか（第十章）。それは、複数の特定領域に対応するそれぞれの複数の行動規範からなる。「忠」の世界、「孝」の世界、「義理」の世界、「人情」の世界等々の世界で、それぞれ多くの掟（行動規範）が個別に存在し、しかも一つの領域の中でも条件が変化すれば行動規範が異なる。本書で取り上げた「精神革命」を経た普遍的世界のような個々の領域を包括し生活の全面を覆う定言命法（カント）や黄金律（聖書）のような行動規範が存在しない（統合的な世界の未成立）。個々の規範を統合するような普遍的な基準を持っていないが故に、他国の人の眼から見れば、日本人は生きる領域が異なれば、また条件が異なれば別人のように行動するという「行動の一貫性の欠如」が、さらに日本人の行動の「極端に機会主義的な倫理」があらわれる。その帰結として、「義理と人情」「忠と孝」「義務と義理」……等のジレンマが生じることにもなるのである。

こうしたベネディクトの議論を私なりに敷衍すれば、日本人の行動規範は、状況を超越した普遍的・絶対的な規範が存在せず、状況に応じた個別的な数多くの規範が並列的に存在するのであり、相矛盾するそうした規範を状況に応じて器用に使い分ける点にある。並列する複数の規範を、個別のケースによって使い分けるのである。それ故に外部の眼から見れば、原則も一貫性もないように映るのである。個別の恩に対応する個別な報恩が並列しているように、それらを統合する普遍的な行動規範の欠如という日本人の行動規範の特性が、『菊と刀』の主要論点であったと言えよう。これが『菊と刀』冒頭の問題提起に対するベネディクトの回答であった。

ベネディクトが近代以降において日本人の最大の徳目と見た「誠実」（「マコト」「まごころ」）とは、「全身全霊をもって、また全力をつくし、全知をかたむけて」定められた倫理規範を遂行することであって、「誠実」自体は独立した倫理規範ではなく、様々な個別の倫理規範を強化する条件であり、そうした倫理規範に付け加えられた「プラス記号」ないし「高次の乗数」に過ぎないとされた。

他方、「誠実」と同様に「プラス記号」として求められたのは「自重」である。普遍的・絶対的な行動規範ではなく、多様な個別的・状況的な行動規範に対応するためには、軽はずみな行動をしてはならないという「自重」が求められるのである。それは「事態に含まれているあらゆる因子を考量し、決して人から非難されたり、成功のチャンスを減少したりするようなことをしてはならない」という意味であり、換言すれば「他人の行動の中に看取されるあらゆる暗示に油断なく心を配り」、他人が自分の行動を批判するということを強く意識することである。ここから後に人口に膾炙した「罪の文化」と「恥の文化」という『菊と刀』の有名なテーゼが提起されるのである。

ベネディクトは、「罪の文化」とは、人々の内部の良心に基づき、罪の自覚をもちつつ、善行を行なうことであり、自分の非行を誰一人知る人がいなくても、倫理規範（道徳）の絶対的基準に従い、良心に従って行動することである。それはいわば内面的強制力（制裁）を特徴とする。対して「恥の文化」とは、人々は外部の世間からの強制にもとづき、恥をかかないように、善行を行なうことであり、恥辱感を倫理規範（道徳）の原動力とする点で、いわば外面的強制（制裁）を特徴とする。そして日本の文化とはまさに「恥の文化」であるとするのである。ベネディクトは、日本以外にも「恥を深刻に感じる部族または国民」は存在するとして、「恥の文化」が必ずしも日本文化の個性というわけではないとしている。このテーゼは『菊と刀』の中心的テーゼでは必ずしもなく、その後、多くの批判にもさらされたが、当時の日本では、「近代化」が主要な関心であり、「恥の文化＝前近代的な文化」、「罪の文化＝近代的な文化」という性格付けと結びつき、あたかもこのテーゼが中心的なテーゼであるかのように、広汎に受容されたのである。日本文化＝「恥の文化」テーゼを批判する多くの議論については、本書ではこれ以上触れない。

以上のような日本の倫理規範である恩に対する「狭義の義務」と「義理」（「世間に対する義理」と「名に対する義理」）、さらにはそれらのプラス記号である「誠実」やそれらを担保する「自重」は、幼少年期から教え込まれる（「社会化」）ことが説かれる（第十二章）。他人や世間から「嘲笑とつまはじきに対する恐怖心を」培い、普遍的な倫理としての「善」か「悪」か、ではなくて、世間の「期待どおりの人間」になるか「期待はずれの人間」になるか、が目安として、世間の「期待」にそうために、自己の個人的要求を棄てるよう教育されるのである。こうした点から、その後の「日本文化論」で日本人の特徴として強調された「集団主義」論の根拠ともなるのである。

個人に多くの犠牲を要求する、こうした「世間」の重苦しい外面的圧力に対して、一方では、鈴木大拙の禅の思想を援用しながら、世間の監視としての「観る我」を排除脱却し、監視による一切の恐怖心や警戒心を捨てて「死んだつもりになる」ことにつながる「無我」という悟りの境地に到る態度があり（第十一章）、他方において、重荷から逃れた「自由な領域」、菊や桜といった花、月、雪、虫、和歌、俳句、庭いじり、生け花、茶の湯等々の領域を設定し、そこに生きる態度が説かれるのである（第十二章）。

社会構造

以上が日本文化の基底にある倫理規範の全体像だが、それではこの倫理規範に対応する社会構造はどのようなものなのか（第三章、第四章）。ベネディクトは日本社会の構造原理を「階層制度（ヒエラルキー）」と規定する。これはもちろん社会学でいうところの階層やカーストと同じものではない。後に有賀喜左衛門が『菊と刀』を論評する際に述べたように、氏族、同族団や「イエ」におけるオヤブン・コブン関係、オヤカタ・コカタ関係といった方がわかりやすい（「日本社會構造における階層制の問題」『民族學研究』）。こうした「階層制」の中で、「各人が自分にふさわしい位置」、「すべてのものをあるべき場所におく」という規範が設定され、それに対応する礼儀作法や敬語が求められる。日本人はその「ふさわしい位置」に置かれている限り不服を言わず、安全を感じるのであって、上位にいようと下位にいようと、その範囲からはみ出すことを注意深く避けるというのが、日本人の人生観の特徴とされるのである。

この「階層制」は、日本人の倫理規範の根底にある「恩」に対応している。「恩」の対象とは基本的に親、主君、主人、教師といった「目上のもの」に対するものであり、対等なものの間で「恩」を受けることは「恩をきせる」ものとして嫌がられる。その場合には感謝と心苦しさが同時にあることになる。「目上のもの」と「目下のもの」との「恩」と「報恩」の関係が、そのまま両者の社会関係である「階層制度」に対応しているのである。さらに「目上のもの」に対する「報恩」という義務が「無限の義務」（義務の無限性）であることによって、人身的服従関係が生じる。換言すれば、「恩と報恩」という倫理規範が、オヤブン・コブン、オヤカタ・コカタ関係の「階層制度」という社会構造とぴったりと当てはまっているのである。なおこの社会構造である「階層制度」は、後に中根千枝が論じた「タテ社会」論に通じている。

ベネディクトは『菊と刀』においてまだまだ多様なテーマについて多くのことを述べているが、大筋を抽出して理論的に再構成すれば、おおよそ以上のようになるだろう。その後、今日にいたるまでこの書に対する様々な批判が出されたが、全体としては、一度も日本に来たことない人間が短期間の研究によって著したトータルな「日本文化論」としては、川島武宜の言う「筆者の全く驚くべき能力」、「無限と言ってもよいほどの豊富なデータ」の活用、「理論的分析の深さ」、「従来のアメリカの研究である量的研究であるよりも質的研究」という点で極めて優れたものであったと言えよう（川島武宜「評価と批判」『民族學研究』）。

ベネディクトに対する批評の嚆矢というべきものは、一九五〇年の日本民族學協会編『民族學研究』第一四巻第四号の「《特集》ルース・ベネディクト『菊と刀』の与えるもの」に発表された、先の川島武宜「評価と批判」、南博「社会心理学の立場から」、先にも触れた有賀喜左衛門「日本社会構造における階層制の問題」、和辻哲郎「科学的価値に対する疑問」、柳田国男「尋常人の人生観」といった当時のそうそうたる大家たちによる批評であるが、その後、副田義也が『日本文化試論　ベネディクト『菊と刀』を読む』で、これらの論者の諸批評を取り入れるとともに、各テーマについても関連する多くの研究を参照しながら、詳細な批評を行なっている。またポーリン・ケントは「ルース・ベネディクトの実像と虚像」で、多くのベネディクト批判を整理概観している。しかしここでは、そうした諸批判には踏み込まない。

以下においては、副田の評論をも参考にしながら、ベネディクトの「日本文化論」が「野生の世界観残存・洗練」仮説と、いかなる関係にあるかを考察したい。

「野生の世界観残存・洗練」仮説との関係

ベネディクトの中心テーマは日本の倫理システムであり、その立論の出発点にあるのは、「恩」と「報恩」という倫理規範である。「恩」、「報恩」という中心概念がなければ、ベネディクトの「日本文化論」はなりたたない。しかし「恩」とは、副田が指摘しているように、特殊日本だけのものではなく、世界中の「未開社会」の中に普遍的に存在した考え方である。「恩」と「報恩」にかかわる民話はほとんどあらゆる社会に存在し、またマルセル・モースが『贈与論』で展開した贈与に関する古代の習俗（「ポトラッチ」）にあらわれている。その意味では「恩」と「報恩」の交換という考え方は、太古以来の人間の属性であり、どの世界においても倫理規範の根底にあったもの、あるいは現にあるものと言えよう。この「恩」と「報恩」という考え方は、個別具体的で日常的な人間関係の範囲内のもの、特定の人身関係の枠内におけるものである。つまりは「タンジブルな世界」の中でのものであって、「恩」と「報恩」の内容は、具体的な人間関係の個々の状況によって、個別的な内容を持つものであり、定言命法（カント）や黄金律（聖書）、あるいは中国の「仁」のような普遍的・一般的な倫理規範ではない。伊東俊太郎の言う「精神革命」によって成立した「文明社会」においては、「恩」と「報恩」という倫理規範の内容は、日常的ではなく超越的な世界にまで拡大され、具体的なものを超えた抽象化により、個別的具体的な「恩」、「報恩」にとどまらず、全体的に体系化され、普遍性をもった倫理体系として成立する。先に述べた「土着世界観」の整理に当てはめれば、日本の倫理規範は、

①Ⅰ〈倫理規範の射程〉における〈超越的な世界ではなく日常的（タンジブル）な世界における恩と報恩〉
②Ⅱ〈倫理規範の視点〉における〈体系的ではなく個別的な恩と報恩〉
③Ⅲ〈倫理規範設定の思考〉における〈抽象的ではなく具体的な恩と報恩〉
④Ⅳ〈倫理規範の価値〉における〈普遍的ではなく特殊的な恩と報恩〉

ということであり、「土着世界観」と一致するのである。

もちろん実際にはこうも図式的に言い切れないことは言うまでもない。というのは日本ではその後、儒教や仏教の倫理規範の体系が入り込んできて、複雑な様相を呈するからである。しかし加藤周一が言うように、基本的にはいかなる外からの倫理体系も「日本化」される。例えばベネディクト自身が述べているように、中国の倫理体系では、「忠」や「孝」といえども無条件な倫理規範ではなく、「仁」がその上に立つ規範であるが、日本では「仁」のこうした上位の性格が「放逐」され、「無頼漢の徳」、「盗人の名誉」といった「仁の概念の零落」が生じ、「仁」は「忠」や「孝」と同列の一つの

倫理規範に落とされるのである。逆に「仁」という上位の倫理規範が取り払われることで、「忠」や「孝」がそれぞれ無条件な独立した倫理規範となり、「忠」と「孝」の対立も生じうることになる。

また「孝」自体も、中国では直接面識もなく記憶にもない広大な宗族（普遍的抽象的な親族）を対象とするものであるが、日本に導入された「孝」は「最近の親族」（直接経験的具体的な親族として「なまなまと記憶されている祖先」）に限定される。「孝」の対象は、「タンジブルな」親族に限定されるのである。まさにベネディクトが述べているように、「日本人の、抽象的思索もしくは現存しない事物に対する興味の欠如」に起因するものである。日本には抽象的に構成された普遍的な倫理規範体系が欠如しているということになるのである。

本書の外来の「土着世界観」の「日本化」の整理に当てはめれば、外来の倫理規範は日本において、

①Ⅰ〈射程〉における〈超越性の排除と日常性への集中〉
②Ⅱ〈視点〉における〈全体性の解体と部分性への還元〉
③Ⅲ〈思考〉における〈抽象性の切捨てと具体性への集中〉
④Ⅳ〈価値〉における〈普遍性の排除と特殊性への固執〉

という加藤周一のテーゼがそのまま妥当しているのである。

以上のように、日本の倫理規範は、「未開社会」以来の「恩」と「報恩」という倫理規範を体系化し得ず、個々の「報恩」が分離されたまま残り続けたと言えよう。「野生の世界観残存・洗練」仮説がそのまま当てはまるのである。ベネディクトは日本の倫理規範の全体像は「仏教的でもなく、また

儒教的でもなかった。それは日本的であった」と記すが、それは「日本的」であるよりも、根本的には「未開民族」にも見られる原初の人類に普遍的なものであり、現代の「文明」世界でも、その基底には多かれ少なかれ見られるものと言えよう。

この「タンジブル」な「恩」と「報恩」という倫理規範は、「超越的・全体的・抽象的・普遍的」に体系化されず、個々の倫理規範が並列するために、個々の規範同士の対立とジレンマが残り、「人情」の世界は倫理体系のなかに包括されずに快楽そのものが追求されるとともに、「義理」と「人情」の対立・ジレンマも生じることになる。また超越的・普遍的な倫理規範が存在しえないために、自らの「タンジブル」な範囲内の人びと、典型的には自らが属する集団が倫理規範の基準となり、集団に適合するような「恥の文化」が成立する要因ともなるのである。

以上のようにベネディクトの『菊と刀』は、「野生の世界観残存・洗練」仮説によって基礎づけることができるのであり、その仮説の中に位置づけることができるのである。

2　中根千枝『タテ社会の人間関係』

「場」による集団

次に中根千枝の『タテ社会の人間関係』を取り上げたい。本書は今日にいたるまで「日本文化論」の古典としてはおそらく最も著名であり、中根の言う「タテ社会」という言葉は、日本文化の特質を象徴する言葉として、広く受け入れられてきたものである。

中根はこの書において、日本の社会構造の特質を述べる。中根によれば、ここで社会構造というのは、社会学や経済学、歴史学で言う「社会構造」が、「その社会の全体像」、「諸要素の仕組み」、「制度化された組みたて」という意味であり、それらは歴史的、状況的に変化するものであるのに対して、人類学で言う「社会構造」とは、個人と個人、個人と集団、集団と集団の関係といった「人間関係」という意味であり、それらは最も変わりにくく、持続性ないし固執性を持つものであり、当該社会の歴史的に一貫した特質を示すものとされる。

中根の理論は大筋では以下の二つの観点から叙述される。一つはもともと群れに過ぎない人間群は、いかなる原理によって、一定の社会＝集団としてまとまり得るのか、その集団構成の原理（ここでは仮に「生成原理」と名付ける）とは何か、ということであり、もう一つはそうして構成される集団内部の、あるいは集団間の構造原理（ここでは仮に「構造原理」と名付ける）とは何か、ということである。

中根は日本社会の特質に関して、第一の「生成原理」として「場」による集団生成論を、第二の「構造原理」として「タテ」の集団構造論を提示した。中根の「日本文化論」は第二の「タテ社会論」のみが注目されてきたが、中根自身が述べているように、「タテ社会論」は、第一の「場」による集団生成論を前提としているのである。

第一の「場」による集団生成論に関して、中根は長年にわたるフィールドワークの知見をもとに、社会集団の一般的な「生成原理」として、①「資格（属性）」の共通性と②「場」の共通性（共有）の二つの原理を抽出する。

①「資格（属性）」の共通性による集団生成とは、氏・素性、学歴・地位・職業、資本家・労働者、地主・小作、男・女、老・若などの共通属性による基準を使って集団が構成される場合であり、そうした「資格による」集団とは、例えば特定の職業集団、父系血縁集団、カースト集団などである。

他方、②「場」の共有による集団生成とは、一定の地域や所属機関などのように、「資格（共通の属性）」の相違にかかわりなく、一定の「場（枠）」によって集団が構成される場合であり、例えばイエ、ムラ、会社などの所属構成員からなる集団である。中根によれば、イエといえども血縁よりは「居住」（共同生活）ないし「経営体」という「場」の側面が重視される。各国によりどちらの集団構成が社会のメインとなっているか、どちらの集団意識を強く持っているか、という点で異なっている。

最も極端な対照はインドと日本であり、インドの集団意識は、①の「資格」におかれる（カースト：職業・身分）のに対して、日本の集団意識は、②「場」におかれ、中国やヨーロッパはその中間（インドに近い）である、と中根は特徴づける。

日本の場合は、「場」としての生活共同体であるイエ共同体、さらには自らが所属する会社や団体が重視される。外に向って自分を社会的に位置づける場合には「資格」である職種よりも「場」である会社名、団体名、学校名を優先し、また「場」は閉鎖的完結的な「枠」となって全員を包括し、企業、団体における家族ぐるみの「丸抱え」的雇用関係や終身雇用関係、さらには企業別労働組合制度等に端的にあらわれるとする。「資格」という共通な要因ではなく、「場」による集団においては、本来異質な人々を包括するが故に、情的な結びつきである集団一体感が絶えず求められる必要があり、「ウチ」と「ソト」の区別が強調され、閉鎖的完結的な集団となっているのである（いわゆる「集団主義」である）。

「タテ社会」論

第二の「集団構造」論（「タテ社会」論）は、「集団生成」論の帰結として必然的に生じる。「資格」によって構成される社会集団の組織は、成員が同質のものであるが故に、当然に「ヨコ」の組織となる。「ヨコ」の組織とは、「同質のもの、あるいは同列に立つX・Yを結ぶ関係」と定義され、兄弟姉妹関係や同僚関係などがその例とされる。

対して「場」による集団の組織は、異質なものを包含するが故に、同列の「ヨコ」とはなりえず、「同列におかれないA・Bを結ぶ関係」と定義され、「タテ」の組織となる。親子関係、親分・子分関係、上役・部下の関係などがその例である。「タテ」社会と「ヨコ」社会とは、したがって「場」に基づく社会と「資格（属性）」に基づく社会の言い換えに過ぎないことになる。中根の言う「タテ社会」とは、あえて言えば「場」による集団という定義になる。中根に対する多くの批判は、「資格」と「場」による集団という論点を無視し、封建的隷属関係や権威主義的関係など、勝手に「タテ」というイメージを想定した、的外れなものが少なくない。「タテ（＝「場」）」がメインとなる社会では、同じ資格や身分を持った本来「ヨコ」の関係にある人々が存在するにしても、そこにおいてさえ年齢、入社年次、勤続期間等を指標として「タテ」関係＝差が強調されるのである。インドや欧米にもタテの組織が存在し、日本にもヨコの組織が存在するにしても、それらは社会におけるメインの組織とはなり得えないということになる。

「タテ」組織型の諸集団をクロスカットして「ヨコ」型組織が発達し得るのは、インド人や中国人の資格や血縁に基づく「見えないネットワーク」のように、組織自体に開放性があることが前提条件である。「タテ」型社会は、「場」という「枠」が強固であり、開放性がないが故に、「ヨコ」関係を発達させることができない。内部と外部の境界である「枠」が強調され、「ウチ」と「ソト」が明確に区別され、「ウチの者」と「ソトの者」という区別意識が強く作用し、「ウチの者」以外は人間にあらずという壁を作って、「ウチ」の世界がすべての世界であるとさえ感じている。「ソト」の世界、あるいは国際社会での日本人のいわゆる「社交性の欠如」というのも、そのことが要因となっている。インドのカースト社会でさえ、「自分たちの集団は、集団の中の一つ」という認識であるのに対して、中根自身が述べている通り、「タテ組織の温床は実にこの場による集団の孤立性にある」のである。「場」による枠の閉鎖性（集団の孤立性）と「タテ」の関係性は、企業・団体における終身雇用制と年功序列制の背景とされ、序列意識を超える能力主義が作用する余地がないということになる。しかも本来異質な「タテ」の集団内部においては、集団の結束をさらに強化しようとする機能が働く。構成員間の全人的な付き合いや組織への全面的参加が要求されるのである。

こうした「タテ社会」が日本社会の「基本的原理」とされる。その後の論述で、「タテ社会」の内部構造の更なる特性やそこでのリーダーシップ論等が説かれる。この「タテ社会」論は、いわゆる「日本型経営」論の多くの議論につながっていく。

「野生の世界観残存・洗練」仮説との関係

ここで私が問題としたいのは、日本の場合、他国と異なり、なぜ「場(タテ)」による集団が社会のメインとなるのか、そのよって来たる所以は何か、という点である。「資格(属性)」という同質的な属性による集団生成ではなく、その中に様々に異なった「資格」の者、つまりは異質なものを含む「場」による集団生成の根底にあるものとは何か、という問題である。中根はそこに、本書で繰り返し述べてきた「直接接触(タンジブル)」という点に注目する。血縁という「資格」による集団(例えば中国の宗族)や労働者という「資格」による集団(労働者階級)といっても、その中には見たこともない人が多くいる。その意味で「直接接触(タンジブル)」がない人が多くいるのである。

インド人や中国人、西洋人のように「資格」に基づく「見えないネットワーク」とは異なり、日本の集団生成においては、「タンジブル(直接接触)」な「見えるネットワーク」が重要である。他方、こうした「場」によるタンジブルな集団は、常に直接接触を維持しなければ集団を維持することが難しく、直接接触の持続性を要する。「ご無沙汰」をしていては機能不全に陥りやすい。

この点で中根の議論は、「野生の世界観残存・洗練」仮説にきっちりと接続する。つまり日本の集団生成の根底にある世界観は、「直接接触(タンジブル)」という「感覚的・日常的・経験的世界」であり、それを超える「超越的な世界」は射程の外に置かれているのである。「直接接触」しえない人々を含む「資格」による集団生成は、「超越的・全体的・抽象的・普遍的」な世界において可能なのである。従来の代表的な「日本文化論」である中根千枝の「タテ社会」論もまた「野生の世界観残存・洗練」仮説と明確につながっており、この仮説によって基礎づけられると言えよう。

3　土居健郎『「甘え」の構造』

「甘え」の構造

土居健郎は、精神医学の長い研究の中で「甘え」というキー概念を着想し、それに基づき、日本人の人間関係や社会関係の全体を心理学の面から解釈したのが『「甘え」の構造』である。「甘え」という言葉自体が日本にだけにしか存在しないと土居は主張したが、例えば李御寧はその著『「縮み」志向の日本人』の中で、韓国でも同じ意味の言葉が日常的に使われていることを指摘している。「甘え」という心性そのものは、幼児期においてはいかなる国、地域においても広く存在する普遍的な心性であること、したがって「甘え」という心性そのものは、日本固有のものではないということは、土居自身が認めるところである。土居の主張によれば、日本の場合に特徴的なのは、「甘え」は、日本人が成熟した大人になっても、その心性を持ち続け、さらには人間関係や社会関係に大きな役割を果たしており、日本社会のシステムを支える土台とまでなっているということである。そのことを彼は様々な社会事象の例を用いて説明したのである。

そもそも「甘え」の「心理的原型」は「母子関係における乳児の心理」にあり、たいていは生後一年の後半に乳児が母親とは別な存在であることを知覚した後に、母親に対する依存を求めることを意味する。すなわち「甘え」の原型的定義とは、別の存在である母親が自分に欠くべからざるものであることを感じて母親に密着し、母親への依存を求め、母子一体感を求めることとされる。

この原型的定義に基づき、土居はより一般的な「甘え」の定義を「受身的対象愛」（M・バリント）ないし「受身的愛情希求」として、「人間存在に本来つきものの分離の事実を否定し、分離の痛みを止揚する」ものであり、他人が無条件に自分の心を察して受け入れ、庇護してくれることを求める心性であるとする。つまりは依存欲求および一体化願望である。「甘え」は欲求的性格を持つ感情であり、その感情の根底には人間の本能的なものがあるとする。人間の本能という意味では「甘え」は国、地域を問わず人間にとって普遍的なものである。

本来、人間にとって普遍的な「甘え」という欲求（感情）は、欧米では個人主義的な自主独立の理念と相容れず、社会的規範からは締め出されているのに対して、日本の場合には、成人した後も、新たに人間関係が結ばれる際には、「子供の母親への依存」という人間関係の核と言うべき「甘え」がそのまま存続し続ける。こうした心性が引き続き機能し、そのことが未熟や病的と否定されるのではなく、「健康な精神生活に欠くべからざるもの」として、「甘え」の機能が社会生活全般に浸透し活用されていて、これを日本文化の特質と指摘するのである。

こうした「甘え」が日本社会に浸透している具体的な例証として、土居は多岐にわたる事例を挙げている。言葉においては、「甘え」の心理を表す語は「甘える」だけではなく、人間の性質をも表す「甘い」という語、また「すねる」、「ひがむ」、「ひねくれる」、「うらむ」という語も、甘えられない心理に関係しており、根本には「甘え」の心理に起因しているとする。

さらに土居はベネディクトの「義理・人情」論にも言及しながら、人情とは「甘え」そのものであり、「甘え」に浸る感情であるとし、義理とは「甘え」を強要する考えであるとして、共に「甘え」を志向する心性が表現されたものとする。また日本人にとって「内と外」の区別という重要な考え方においても、内とは「甘え」が許される範囲であり、外とはそれが許されない範囲のことであるとして、従来の「内と外」の行動規範の相違論を「甘え」から再解釈する。

さらに土居は「イデオロギー」を一つの「社会を支える思想的バックボーン」として定義しているが、その「日本のイデオロギー」とは天皇制イデオロギーであり、それは「甘え」のイデオロギーとする。彼によれば天皇とは、諸事万般、周囲のものが責任をもって万事遺漏なきよう取り仕切る（＝「輔弼」）ことを期待できるのであり、その点で天皇は赤ん坊と同じように、周囲に全く依存（＝「甘え」）している身分であり、同時に周囲の者がこれに従属する身分である。

それは「天皇に限らず日本の社会ですべて上に立つものは、周囲からいわば盛り立てられなければならないという事実が存する」のであり、それは同じ原則によるものとされる。「いいかえれば、幼児的依存を純粋に体現できる者こそ日本の社会で上に立つ資格があることになる」。この点が日本では幼児的依存が尊重されていることを示す証拠とする。「これを要するに、日本人は甘えを理想化し、甘えの支配する世界を以て真に人間的な世界と考えたのであり、それを制度化したものこそ天皇制であったということができる」と。

こうしたイデオロギーの根底にある日本的思考様式を、土居は、中村元の『日本人の思惟方法』を援用しながら、主として西洋的との対比で、「非論理的直観的」と特徴づける。それは他面において、「無原則の原則・無価値の価値」として、丸山真男が日本的思考の特徴とした「座標軸の欠如」（『日本の思想』）としても表れるものとする。しかもそれもまた「甘え」の心理から生じるものとして、以下のように述べる。「［自他の］分離の事実を止揚し［乗り越えて］、もっぱら情緒的に自他一致の状態をかもしだすという甘えの心理はまさしく非論理的といわねばならない」と。日本の社会全体が「甘え」の構造を基軸として成り立っていると主張するのである。

その点で、大久保喬樹が『日本文化論の名著入門』で指摘するように、丸山真男が戦前の天皇制（＝日本社会全般）がはらんでいた無責任性の集約としての「輔弼」という意思決定のあり方の分析と軌を一にするものであり、そのことを「甘え」という日本人の心理から解釈したものであったということが言えよう。ただ丸山は西洋近代の個人主義を規範として、「甘え」の心理を批判したのに対して、土居はそれを日本固有の文化のあり方として肯定的に述べたのだが。

その後さらに土居は臨床医という専門家の立場から、多くの精神病理学的症状をとりあげ、それらと「甘え」との関係や、明治以降導入された西洋の個人主義的規範との対立・葛藤の関係などを論じている。

「野生の世界観残存・洗練」仮説との関係

さて、ここでも私が問題としたいのは、本来的にどの時代やどの社会にも普遍的に存在する「甘え」という心性が、他の社会では、少なくとも社会の表面では消失しているのに対して、日本において今日まで生き続けているのはなぜか、という問題である。

「甘え」とは本来、本能的なものであり、「未開」の時代からの人間の普遍的感情である。先に見たように「甘え」に基づく思考様式を、土居は「非論理的直観的」であり、価値の面においても「無原則の原則・無価値の価値」と述べているように、それは、本書の整理に従えば、Ⅲ〈思考〉における〈抽象的ではなく具体的〉、〈論理的ではなく感覚的〉であり、Ⅳ〈価値〉における〈普遍的ではなく特殊的〉（なお、「無価値の価値」というのはありえず、近代西洋との比較という文脈でいうならば、普遍的な価値がないということである）である。したがってⅠ〈射程〉においても〈超越的な世界ではなく日常的（タンジブル）な世界〉であることは当然である。またⅡ〈視点〉においても、個別の具体的な人間関係（幼児期の母子関係を原型とする）におけるものであり、〈体系的ではなく個別的〉であることも当然であろう。

本書で言う「精神革命」を経た地域においては、必ずしも近代西洋だけではないが、「超越的・全体的・抽象的・普遍的」な社会規範、例えば既述の欧米における個人の自主独立の理念に基づく社会規範が、「甘え」の心性に基づく「日常的・個別的・具体的・特殊的」な精神態度を抑え込んでいったのに対して、日本だけではないが「精神革命」を経過しない地域においては、「未開」の時代以来の「甘え」の心性がそのまま存続し、日本においては、それが社会の基本的な構造原理となるまでに洗練されていったと理解することができるだろう。

土居の「甘え」論においても、「野生の世界観残存・洗練」仮説と明確につながっており、逆に土居の「甘え」社会論は、「野生の世界観残存・洗練」仮説によって原理的に基礎づけられることにもなるのである。

河合隼雄の「母性社会」論

土居理論との関係で、ここでは河合隼雄の「母性社会」論（『母性社会日本の病理』）にも触れておこう。「甘え」社会論は、そのまま河合隼雄の「母性社会」論につながるからである。

ユングの深層心理学によって国民性を論じようとした河合は、社会の一般的な基本原理として「母性原理」と「父性原理」を挙げる。河合によれば、「母性原理」とは、すべてのものを絶対的な平等性をもって包み込む「包含する」機能を特徴とするものであり、「母子一体が根本原理」とされる。まさに母性原理とは土居の言う「甘え」の原理と表裏一体のものである。

対して「父性原理」とは、主体と客体、善と悪、上と下などに分類するような「切断する」機能を特徴とするものであり、母と子は一体化するのではなく、それぞれが自立するための「自我の確立が原理」とされる。それは、一人ひとりを切り離して個人として扱い、その相違を明確化する考え方である。河合は、近代西洋社会が「父性原理」を基本とするのに対して、日本社会は「母性原理」が人間関係の基本構造となっている「永遠の少年」型社会であり、無意識内の自己を共有し合い、無意識的な一体感を土台にする社会だと結論づけるのである。小此木啓吾の『モラトリアム人間の時代』もまた、日本の青年の心に潜んでいる母への依存心を精神分析の立場から分析し、「母性原理」が今日でも日本社会を動かしているとして、土居や河合の議論と同様な議論を展開している。

この「母性原理」と「父性原理」に関する議論は、河合や小此木のみならず広く論じられるところであるが、両原理をこの静的で対等な構造原理とし、西洋は「父性原理」、日本ないし東洋は「母性原理」とするには、いささか人類史的な視点が欠落しているのではなかろうか。「甘え」論でも論及したように、「甘え」は本来どの時代や社会にもある普遍的なものであると同様、「母性原理」もまたどの時代や社会にもある普遍的なものであると言えよう。「父性原理」は近代西洋に最も典型的であるとはいえ、本書で指摘した「精神革命」を経た地域では、体系的で普遍的な思考や規範が形成されることによって、「甘え」や「母性原理」を抑制する形で「父性原理」が優勢になってきたと解することができよう。「母性社会論」もまた「野生の世界観残存・洗練」仮説によって説明することができるのである。

4　濱口恵俊『「日本らしさ」の再発見』

濱口恵俊の「間人」論

濱口恵俊の『「日本らしさ」の再発見』は、公文俊平が「断片的、印象批評的な性格の強かった「日本人論」を、学問的な研究分野としての「日本研究」に引き上げるための重要な一里塚としての役割を果たした」と評価しているように（『「日本らしさ」の再発見』講談社学術文庫版の「解説」）、従来の「日本文化論」にも言及しながら、この種の著述としては最も精緻な理論を展開したものであろう。この書は、その後必ずしも広く一般に普及したものではないが、知識社会の間に一定の影響力を及ぼしている。濱口はこの著の公刊以来、長きに渡って「日本らしさ」というテーマを追求し続け、多くの研究書を著わしているが、本書では、煩雑さを避けるために、まとまったものとしては彼の最初の著作である『「日本らしさ」の再発見』に絞って論じ、他の著作については随時取り上げることとしたい。

従来の「日本文化論」に対する濱口の批判は、まずそのパラダイム批判を立脚点とする。彼は、従来の「日本文化論」が用いる分析概念は欧米起源の概念であって、日本研究にどの程度の妥当性をもつかの吟味なしに無条件に採択されていると批判する。欧米の概念や理論は、普遍的な理論のように見えても、実際は、欧米という特殊な文化に拘束された一つの特殊理論に過ぎないのであって、日本固有の「イーミックス」（内在的立場でしかつかめない固有の属性）が完全に把握されるとは言い難いとして、日本自身の歴史や文化に立脚した内在的な立場からの分析概念や理論モデルを作ることを主張するのである。

欧米起源の分析枠組の問題性は、まず「人間観」（浜口はそれを「〝ひと〟の存在形態に関する社会的観念」であると定義する）にあるとする。その問題性とは、「にんげん」を自律的な行為主体としての「個人」としてとらえ、それを分析の拠点に据えており、「個人」を自明な人間存在と仮定して、個人と社会（集団）とを二元論的に対比する概念装置としている点にある。そうであるならば、〈「個人」優先主義〉か、〈「集団」優先主義〉か、という二元論にならざるをえず、「集団主義」は「個人主義」の反対属性を指すものとなる。この立場に立てば、従来の「集団主義」論のように、日本人は主体性に乏しく自律性を欠き、集団に隷属・没入し、集団至上主義を信奉するように説かれる。つまりは「個人」という属性の「欠如態」として規定されるのである。しかしそもそも日本には「集団」と対等に位置づけられる「個人」がいたとは考えられない、とする。

日本人を含む東洋人の「人間観」とは、「にんげん」を対人関係と切り離すことのできない存在と考えているのであって、その意味で「にんげん」とは〝ひと〟と対人関係とを兼ねてあらわす「人間＝じんかん」なのであるとする。つまり対人関係の中に内在化された人間、対人的な連関性そのものを自分自身と意識する「他者関与的」な「にんげん」なのであって、濱口はこれを「間人《かんじん》」と名づける。西洋人の人間観が、社会の主体的な構成要因として、誰にも依存しない自由で独立した個人を前提とする「個人モデル」（「個人中心モデル」）であるのに対して、日本人を含む東洋人の人間モデルは、対人関係の中に内在化された人間、対人的な連関性そのものを自分自身と意識する「間人モデル」（「社会中心モデル」）であるとする。西洋的な「個人」の自意識は、内部に恒常的に同一性と連続性を保ち続ける「自我」をもつ「抽象的実態」であるのに対して（「自我中心主義」）、東洋的・日本的な「間人」の自意識は、状況に応じて自らに配分される部分としての「自分」であり、外部の相手との間にそのつど見出される現実態なのである（対人関係中心主義）。

従って日本の集団主義も、「個人」の「欠如態」として説かれるべきものではなく、組織集団の各成員が、仕事をする上で互いに職分をこえて協力し合い、そのことによって組織目標の効率的な達成をはかるとともに、各自の生活上の欲求をも満たして、その福祉を集団とのかかわりにおいて確保しようとする姿勢を言うのであって、他利が自利に通じ、「個人」と「集団」との間での相利共生がはかられる、つまりは集団の中で、個体的自律性を示さず、既知の人との有機的な相互期待の関係をいつも良好に保とうとする、いわば「他者関与的」な主体性というように解すべきだとする。日本人は集団に埋没して主体性を欠如しているのではなく、他者との関連の中で主体的に行動しているということになる。濱口はこれを「集団主義」と言うよりも、「協同団体主義」と言うべきであろうと主張する。

この人間観に対応する研究者の立場からの操作概念は、欧米の「個人モデル」の場合には、社会や文化と切り離され、個人の内部に限定された「パーソナリティ」という操作概念であり、対して日本を含む東洋の「間人モデル」の操作概念を「人（レン）」と名づける。「人（レン）」とは、個体としてではなく、対人的脈絡を重視したインターパーソナルな過程に力点を置く概念だとする。

さらに濱口は、こうした人間観が立脚する「価値的基盤」（「基本的な価値意識」）に言及し、欧米人の「個人モデル」は「個人主義」であるとし、その内容を①「自己中心主義」、②「自己依拠主義」、③「対人関係の手段視」とする。対して東洋人（日本人）の「間人」モデルの「価値的基盤」を「間人主義」と名づけ、その内容を①「相互依存主義」、②「相互信頼主義」、③「対人関係の本質視」としている。西洋起源の概念や理論には、以上のような「個人主義」の価値観が潜んでいることを強調するのである。

この人間観を基に、濱口は行為論（行動のパターン）を論じる。欧米人の行動のパターンは、状況の如何を問わず、所与的な一定の公共的な価値観や規範に依拠する「規範型行為」であるのに対して、日本人（東洋人）の行動のパターンは、個々の特定的状況への臨機応変的対処を重んずる状況相対主義の基準に依拠するものであり、この状況中心主型の行為を「標準型行為」と名づける。ここで「状況」とは、「行為者が主観的に指定し、かつ意味づけた行為の場」であり、また「標準」とは、「特定の状況に対して多くの行為者がどのように振舞うであろうか、という推測を基にして形成された行為の準則」であると定義される。従って「標準型行為」とは、自らが規定した状況にふさわしい「標準」を選択し、それに準拠する標準化された行動ということになる。

ここから日本人（東洋人）の行動パターンをもたらす倫理規範（「エートス」）として、ベネディクトが『菊と刀』で説いたのと同様な倫理規範が導かれる。日本人の行為の基準（倫理規範）は、第一に、状況に対応した個別的なものである。日本人の生活圏（「状況」）は、「忠の圏」、「孝の圏」、「義理の圏」、「仁の圏」、「人情の圏」、その他多くの圏から成り立っているように、多元的に構成され、それぞれに個別的な志向基準が存在する。第二に、それらの基準は状況相対的（非絶対的）な性格をもち、いずれもが妥当な正しいものと見なされる。欧米の定言命法（カント）や黄金律（聖書）のような普遍的絶対的性格のものではなく、状況相対的な「状況倫理」である。第三に、日本人は、相矛盾するかに見える、個別的ないくつもの基準を状況に応じて器用に使い分ける。状況に応じて基準そのものが変化するのである。第四に、この点が逆に、状況の変化に対して弾力的な対処を可能にし、スムーズに事を運ぶ柔軟性を持つメリットがあるとする。以上のような日本の倫理規範（「エートス」）を濱口は「個別＝状況主義」と名づけ、対して、欧米型の状況によっても変わることのない普遍的な信念による「エートス」を「普遍＝論理主義」と名づける。

以上のような人間論と行為論に基づき、濱口はさらに、関係論、組織論に説きおよび、日本型対人関係としての「間柄」や日本型組織としての「イエモト」といった独特の概念を提示しているが、ここでは省略する。

以上の議論の総括として、「日本らしさ」とは何かという結論として、「アウトサイド・イン」という元々はパイロットの専門用語を濱口が転用した聞きなれない原理であった。欧米人の社会的行為の原理である「インサイド・アウト」とは、個人主義的価値観という内在的基準を設定して自己の行動を制御する原理であるのに対して、日本人の「他者関与的行為」としての社会的行為の原理は、外在的基準を設定して自己の行動を制御するという「アウトサイド・イン」という原理であるとする。ここで外在的基準とは、例えば「恥の意識」の下での世人の自己に対する批評であり、より一般化していえば、行為者によって規定された「状況」の内容ということになる。この「アウトサイド・イン」という原理こそが、濱口によれば「日本らしさ」の「本質」だとするのである。

ベネディクトの用いる概念を西洋起源のものと批判し、しかもベネディクトの日本理解の問題性を様々に指摘しながらも、結論としては、ベネディクトの言う欧米の「罪の文化」と日本の「恥の文化」と同様な結論になっていると言えよう。異なっているのは、ベネディクトがそれを首尾一貫した原理の欠如として指摘したのに対して、濱口は、それこそ日本人の行為の原理だとして、積極的に主張したに過ぎない。

濱口理論をどう解するか

濱口理論の問題の一つは、欧米起源の分析概念や理論モデルが、欧米の「個人」中心の人間観や価値観、認識論や方法論に基づいたものであり、それでは日本固有の性格を完全に把握されえないとして、日本の歴史や文化に立脚した内在的な立場からの概念や理論を作ることを主張する点にある。こうした主張は濱口だけではなく、それなりに散見される主張ではある。日本文化という対象を分析するために、必要に応じて新しい分析概念や理論を作ることはもちろん大切なことであろう。実際に濱口が「間人」という概念を創出することによって、従来の「日本文化論」が、個人と集団という概念を対置し、〈「個人」優先主義〉か〈「集団」優先主義〉か、というこれまでの二元論に再考を促した意義は大きいと言えよう。

しかし私が濱口の理論に接したとき、それがいかに精緻であろうとも、何か「違和感」を感じざるを得なかった。それは、日本や東洋における個別的存在としての「個人」はどこへ行ってしまったのか、という「違和感」である。日本や東洋においても、あるいはいつの時代でも、どこの地域でも、他人とは明確に区別しうる心と体を持った個別体は、まぎれもなく存在しているのであり、必ずしも個人を「抽象的実態」にのみ限定すべきものではないと思われるからである。その人間観を「間人」としてのみ定義してしまえば、「個人」としての側面は抜け落ちてしまう。いわんや「個人」の「価値的基盤」を「自己中心主義」、「自己依拠主義」、「対人関係の手段視」と限定すること自体が、新古典派経済学等の理論モデルに限定した「個人」概念であり、汎用性のないものとしてしまっている。分析概念としての「個人」を、そこまで限定する必要はないであろう。山崎正和が『日本文化と個人主義』で批判しているように、濱口が「間人」の性格を「相互依存主義」、「相互信頼主義」、「対人関係の本質視」という「本来は個人の人生態度を表わす言葉で説明」するとき、他人と協力したり尊重したりするのは、個人のままで十分に抱きうる心の姿勢であり、「これだけの規定では間人とは協調的な心をもった個人の別名にすぎない」、つまりは「たんに精神態度の程度の差にすぎない」ことにもなる。

こうした「違和感」を払拭するためには、以下のような幸泉哲紀の解釈が妥当するように思われる（「個人」と「間人」との相補性」）。幸泉によれば、「個人」（要素）と「間人」（関係）のいずれが社会編成の基本原理なのか、という問題は、二者択一の問題なのではなく、人間や社会を考察する際に、一方は「要素」を重視し、他方は「関係」を重視するという、それぞれ別の視点からする問題なのである。一方は社会を「個人」の「行為」の総体としてとらえ、他方は社会を社会成員の「関係」の総体としてとらえる。その意味では、「個人」と「間人」は補完的な関係を持ちながら、共に存在するものとして取り扱うのが妥当」だとしている。

実際どこの国や地域においても程度の差はあれ、人間は「個人」と「間人」の二つの性格を持っている。濱口のように「個人」と「間人」を同じ次元の社会の基本単位として、「個人」か「間人」という二者択一的に、ある国はどちらか一方の性格を強調するのであれば、他方の性格が見失われてしまうことになる。例えば、日本人を「間人」としての性格だけから解釈すれば、「集団主義」を「協同団体主義」としてうまく説明できる反面、「集団主義」が持つ多くの側面が抜け落ちてしまうことにもなる。「間人」の社会と「個人」の社会を二者択一的にとらえようとすれば、濱口自身が批判した二元論に再び陥ることになってしまうのであり、両者をそれぞれ別の側面として見ることが必要なのではないだろうか。

多くの「日本文化論」者と同様、濱口にも、日本文化の独自性がはじめから存在するという考えがあるように思われる。それ故に、欧米起源の概念を捨て、日本固有の概念を作らねばならないという

「力み」が表れているのであろう。本書で私が述べたように、人類史的に見れば、日本人といえども、はじめからそれほどに独自性を持っているものではないのである。

濱口理論の第二の問題は、東洋人と日本人の区別をつけていない点にある。これでは「日本らしさ」を探究する「日本文化論」にはならない。東洋人がいつの間にか日本人に置き換えられ、東洋人の人間観や行為論が、そのまま「日本らしさ」とされている。従来の多くの「日本文化論」と同様、西洋との対比だけが、その考察の中心となっている。その時点で「日本文化論」としてはアウトであろう。

そもそも「東洋」という言葉は、東アジアはおろか、イスラムやユダヤまで含むものであり、それは「東洋人」の作った言葉ではなく、西洋人が作ったものである。中村元が『チベット人・韓国人の思惟方法』で述べているように、「西洋人から見ると、イスラーム文化も朝鮮の文化も、みな異質的なものである。かれらにとって異質的なものを全部ひっくるめて「東洋」とよんだのである。マルセイユから東に向かって船出すれば、すべて東洋」なのであって、そこに見られるのは「明らかに文化におけるヨーロッパ中心主義である」。今日の言葉でいえば、東洋という概念自体がまさにE・W・サイードの言う「オリエンタリズム」の所産であろう。欧米出自の概念の無批判な使用を批判する濱口が、「オリエンタリズム」に通じる「東洋」という概念を無批判に使用すること自体が矛盾しているのは勿論、多様な「東洋」を一括して日本と同じものとしている点で問題は大きい。(1)

中村元は、東洋の様々な思想を検討した結果、「これを一括して西洋思想と対比させるためのはっきりした特徴を見出すことが困難」であり、「単一的な「東洋的」なるものは存在せず」、「異なる種々の思惟方法の存在を認めねばならない」と結論づけている。

濱口理論に関して、私は主として以上のような問題点を持っていると考えるが、そうした問題点はさておき、日本は「間人主義」が優勢な社会であり、欧米は「個人主義」が優勢な社会であるという濱口理論を大筋で認めるとして、私が問題としたいのは、ここでも、そのよって来たる所以であり、日本ではなぜ「間人」という人間観が優勢なのかという点である。後に濱口自身も、「間人主義」の方が、人類学的・人類史的に見てより一般的であり、起源的には「間人」が「個人」に先行し、「個人主義」は「間人主義」の一特殊形態だと認めているように（『日本研究原論』）、「間人」という性格は東洋だけでなく西洋にもあるどころか、人類が集団を形づくって社会生活を営むようになって以来、集団の中で生きるために、当初より「間人」としての性格を持っていたと考えられる。であるならば、人間観としての「間人」は、必ずしも日本（東洋）の人間観ということではなく、人類が社会生活を営む上での普遍的な人間観であり、かつては東洋や西洋を問わず普遍的に存在した人間観であって、今日でも「未開」社会に存在し、今日の西洋においてさえ、潜在的に存在する人間観だと言うことができる。

それではかつて支配的であった「間人」という人間観に変わって「個人」という人間観が優勢になってきたのはなぜか、という問題が生じる。濱口が言うような、人間観としての「個人」が支配的となるのは、近代の西洋においてだけであると限定的に考える必要はないだろう、と私は考えたい。

既述のように、伊東俊太郎は「精神革命の特質」の一つとして、「集団の思考から個人の思考の出現」を述べているが、東洋においても、「精神革命」を経た地域では、集団の思想や信念を脱した個人の思想や信念があらわれ、個別の集団を超え多様な人間を超えた普遍的な人間についての思想や信念への方向性が現れてくることを記しているが、なお仮説の域を出ないとはいえ、東洋においても、西欧近代の「個人」とは異なった抽象的な「個人」という人間観が優勢となる国や地域が広く認められたと言えよう（とりわけインドのように）。そうした国や地域はまさに「精神革命」を経た地域であり、その支配的な人間観の相違は、東洋対西洋ではなく、「精神革命」を経た地域と、それを経ない地域の相違、つまりは「超越的・全体的・抽象的・普遍的」世界観対「日常的・部分的・具体的・特殊的」世界観の相違として考えることができるように考えられる。「精神革命」を経ない日本においては、「未開」以来の「間人」という人間観が強く残存し続けていることになり、これが、日本ではなぜ「間人」という人間観が優勢なのか、という疑問に対する最も適合的な答えであると考えられよう。濱口理論においても、「野生の世界観残存・洗練」仮説が当てはまることになるのである。

5　クラーク『日本人　ユニークさの源泉』

クラーク『日本人　ユニークさの源泉』

この章の最後に、グレゴリー・クラークの『日本人　ユニークさの源泉』を取り上げたい。この書は刊行当初、多くの書評でも取り上げられ、かなりの反響があったとはいえ、これまで取り上げた「日本文化論」に較べ、今日ではほとんど忘れられているように思われる。ここであえて取り上げるのは、この書が、日本文化の「ユニークさ」だけの指摘で事足れりとするのではなく、その「ユニークさ」の「源泉」までも追求しようとしたのであり、その「源泉」の内容が、私の「野生の世界観残存・洗練」仮説に最も近いと考えられるからである。

クラークは、欧米人のみならずアジア諸国の人々と比較した日本人の特異性（「ユニークさ」）を縷々述べながら、総括的に、以下のように日本人を特徴づける。一般に人間には二つの面があり、一つは、本能的欲求、直観的対応能力や感受性に基づく「エモーショナル（情緒的）」な面であり、もう一つは、原理を重視し、議論や討論に基づき行動する「原則的」な面である。欧米、中国、インドなどの国民は、後者の「原則的」なやり方に頼る傾向を持ち、対して日本人は前者の「エモーショナル（情緒的）」な面に頼る傾向がある。欧米、中国、インドなどの国民は、抽象的論理と原則的立場に立ち、社会規範としても「客観的、普遍主義的道徳観」に基づく「イデオロギー社会」（クラークは、この抽象的原則や普遍的道徳律を「イデオロギー」と定義している）である。対して日本は、原理・原則よりも人間的つながりを重視し、特定の集団のみに適用される集団主義的道徳に基づく「エモーショナル（情緒的）社会」である。クラークの多様な議論を捨象して大筋だけを取り出せば、以上のように定式化できるであろう。

それでは日本人のそうした「ユニークさ」の根本にある「源泉」とは何か、をクラークは問題とする。その問題の立て方が彼独特の「ユニーク」なものである。それは「説明されねばならないのは、日本人ではなく、われわれ非日本人である」というのである。つまり日本人の特異さの源泉を問題とするのではなく、逆に非日本人が日本人と異なっている源泉を問題とするのである。「いいかえるならば、「変わっている」のは日本人であるというよりも、われわれ非日本人」なのである。歴史的に見れば、「日本人が日本人的であるのは、彼らにはほとんど何も起こらなかったから」であり、「他方、他の多くの国民にとっては、何か非常に重要で心に傷を残すようなことが起こり、それが国民性に影響を与えている」、つまり日本人は「部族社会の時代」から変わらなかったのに対して、変わったのは非日本人であったとするのである。

クラークは一例として南太平洋の島国という孤立した部族社会を取り上げ、そうした社会に「もっとも純粋な形での集団主義を見出すことができる」のであり、南太平洋の島国と同様、日本もまた、こうした「原始的集団主義的社会」を根本的に変質させるような「非常に重要で心に傷を残すようなこと」が起こらず、部族社会の根本的性格を変質させることなく保持した、と説くのである。

それでは非日本人に影響を与えた「非常に重要で心に傷を残すようなこと」とは何か。クラークはそれを「国の存亡をかけて外国人と競う」という体験、さらには「外国人による長期の占領下におかれた」という体験、つまりは戦争と支配の体験だとする。他方、日本人にはこうした体験が決定的に欠如していたが故に、何も変わらなかったとする。それがクラークの結論であり、刊行当時はまさに「ついに探りあてた日本の本質」（この書の新版の表紙に記された言葉）とまで評されたのである。

日本が歴史的に外国と抗争をしたり、外国の支配を受けたりすることが少なかったが故に、「本来の部族社会のエモーショナルで集団志向的な価値体系から真直ぐに発展してきた社会」であるのに対して、西欧・中国・インド型社会は、部族時代以後に他民族との戦争や支配という傷を通してエモーショナルな（情緒的）対応から原則的対応に移行し、「イデオロギー化された」社会に変質したのである。クラークはこうした説を、あまりに大胆な見方であり、十分な立証なしに一般化を試みた「独断的な見解」であり、より「一層の深化が必要」であると断ってはいる。

ともあれ、ここに到れば、もはやクラーク説と私の「野生の世界観残存・洗練」仮説との関係は明白であろう。クラークが西欧・中国・インド型社会の特徴として「イデオロギー社会」と呼んだものは、抽象的・客観的・普遍的な原理原則（＝イデオロギー）に基づく社会であり、それは本書で言う「超越的・全体的・抽象的・普遍的」世界観をその基底に持つ社会であることは多言を要しない。同様に、クラークが日本社会の特質とした「エモーショナル（情緒的）社会」とは、感覚的・日常的な世界（「タンジブルな世界」）の中で、感覚的にとらえることができる部分的な事象のみを対象として、「空理空論」を排して具体的に思考し、自らが所属する特殊的な集団を越える普遍的な価値をもちえない「日常的・部分的・具体的・特殊的」世界観（「土着世界観」）をその基底に持つ社会である。

クラークの言を敷衍すれば、原始的な部族社会の段階では、世界のあらゆる社会は、「日常的・部分的・具体的・特殊的」世界観を持つ「エモーショナル（情緒的）社会」であったが、「外国と抗争をしたり、外国の支配を受ける」という「非常に重要で心に傷を残すような」体験を経たところでは、

「超越的・全体的・抽象的・普遍的」世界観を持つ「イデオロギー社会」に移行したということになる。確かにそうした軍事的な抗争と占領支配は最大の要因であるとはいえ、部分的には平和裏に交易や交渉という形態で行われることもありうるのであり、そうした「開かれたコミュニケーション」の諸形態はともあれ、根本的には、本書で述べた「精神革命」の成立とその普及があったと言えよう。戦争と支配はあくまで最大ではあるが、一つの要因となったものなのである。クラークの説もまた、「野生の世界観残存・洗練」仮説によって、より根本的な世界観の性格という視点から再構成することができるのである。

「日本文化論」を越えて

従来の「日本文化論」について本書でとりあげたものはわずかだが、広く受容され、あるいはその後の「日本文化論」に大きな影響を与えたものであり、従来の「日本文化論」と「野生の世界観残存・洗練」仮説との関係を示すうえで、ほぼ十分なものであろうと思う。それらに関する考察から示されるように、従来の多くの「日本文化論」は、この「野生の世界観残存・洗練」仮説の中に位置づけられ、説明されることができるように思われる。

本書の叙述を簡単にまとめれば、世界的に広く普遍的に存在した「未開」（野生）の「日常的・部分的・具体的・特殊的」な世界観（加藤の言う「土着世界観」、レヴィ＝ストロースの言う「野生の思考」）は、伊東俊太郎の言う「精神革命」によって生み出された「超越的・全体的・抽象的・普遍的」な世界観がユーラシア大陸を中心とする多くの地域に普及することで、そうした地域では人々の深層に押し込められた。表層では「超越的・全体的・抽象的・普遍的」な世界観の性格が主流になったのである。しかし日本列島では、その地政学的位置（対馬海峡と朝鮮半島の存在）により、「未開」（野生）の世界観の性格はそのまま残り、外から流入してくる「超越的・全体的・抽象的・普遍的」な世界観を持つ外来思想は、「未開」（野生）の「土着世界観」により、常に一定のパターンでその世界観の方向に変容させられたのである。他方で外来思想の影響を受けながら、様々な文化を洗練させ、独自な文化を形成していった、ということになる。これが「野生の世界観残存・洗練」仮説である。日本では「未開（野生）」の世界観（人類が普遍的にもつ原初的な世界観）が存続しつづけ、その中で様々な文化が洗練されたという私の説は、なお仮説の域を出ないものであろう。しかしこのように考えることが、従来の「日本文化論」を越えて、日本文化のあり様を最も適切に解釈することができると思われるのである。

　従来の「日本文化論」は、もともとは普遍的に存在した「未開」（野生）の世界観的なものを、一足飛びに日本にしか存在しない独自な世界観と見なし、様々な議論を展開した。しかしこの世界観をもとにして説かれた日本の個性や特質と称されたものは、それらの多くは日本の性格や性質ではあっても、日本だけの個性や特質ではなく、原初には世界中に普遍的に存在した「未開」（野生）の性格（世界中の人びとの基層に今なお残存するもの）であり、あるいはそうしたもののより洗練化されたものであることを看過していたと言うべきであろう。従来の「日本文化論」は、「人類史的」な視点に乏しく、「日本」という「国学的」な視点にあまりにも限定され続けてきたと言えよう。

恩と報恩の多元的並列を説くベネディクトの『菊と刀』も、「場による集団」に基づく中根千枝の「タテ社会論」も、土居健郎の「甘え」の社会論も、河合隼雄などの「母性社会」論も、濱口恵俊の「間人」社会論も、さらには丸山眞男の「古層」論も、中村元の「仏教の日本化」論も、従来の多くの「日本文化論」はこの「野生の世界観残存・洗練」仮説の中に位置づけられるのであり、位置づけることによって、再度見直していくことができるであろう。「人類史的」な視点ではなく、「日本」という視点にとらわれすぎ、「井の中の蛙」であった従来の「日本文化論」を、空間的により広い射程から見直し、時間的にもより長い射程から見直すことを本書は目指したのであり、そのことが本書を『「日本文化論」を越えて』というタイトルにした所以でもある。

【注】

(1) 日本における「東洋」という言葉の使用は、西洋由来のオリエンタリズムの他、中村元によれば、戦前の大東亜共栄圏の拡張的解釈からでもあるという。

あとがき

本書は、かつて私が所属した昭和音楽大学の『研究紀要』第36号（二〇一六年）に、「加藤周一における〈日本的なもの〉――「土着世界観」との関係において――」と題して発表した論文を、その後三年ほどかけて大幅に加筆修正したものである。

本書が目指したのは、加藤周一の「日本文化論」を足がかりとして、従来の「日本文化論」を根本から見直し、客観的な「学としての日本文化論」の再構築をねらうとともに、徹底的に「日本」を相対化し、広く人類史的な視点から「日本」をとらえ直すことによって、まったく新しい「日本文化論」の見取り図を指し示そうとしたことである。

その結果として私が提起したのは、かつて世界的に広く普遍的に存在した「未開」（野生）の「日常的・部分的・具体的・特殊的」な性格を持つ世界観が、「この国」では現代にいたるまでそのまま残り続け、「古層」ないし「基層」の世界観として「この国」を規定し続け、他方で、外から流入してくる「超越的・全体的・抽象的・普遍的」な世界観を持つ外来思想は、「野生」（未開）の世界観により、常に一定のパターンでその世界観の方向に変容させられたとともに、外来思想の影響を受けながら様々な文化を洗練させ、独自な文化を形成してきた、ということである。これを私は「野生の世界観残存・洗練」仮説と名づけた。多くの専門分野を横断した私の試みが、どの程度成功しているかは読者の判断にゆだねるしかない。

ところで「学としての日本文化論」を追求しようとした以上、本文では当然に、私の個人的な主張や価値判断を入れることは控えてきたが、最後に一言、「野生の世界観」の「残存」や「洗練」が今日においてどのように評価されるのかという点に関する私見を付言しておきたい。

私の結論は、実証的な研究者から見れば忌むべき、一種の「宿命論」なのではないかと見られるであろう。この「野生の世界観」は、これまでも、そしてこれからも未来永劫に「この国」を規定し続けるのかと。同様な疑問に関して、かつて丸山眞男は、自らが定式化した日本の「古層」は変わりうるのかという質問に答えて、国際化の進展の中で「テクノロジーとコミュニケーションの発達」によって変わるであろうと答えた。しかも「ミネルヴァの梟」(ヘーゲルよりもむしろマルクスのいう意味での)のように、自らのなした日本の「古層」の構造のトータルな解明それ自体が、その変革の第一歩になるのだと(「日本思想史における「古層」の問題」)。

丸山の「古層」ないし私の「野生の世界観」が「この国」において、変わりうるのか否かという問題は、もちろんわからない。しかし私は、丸山とは異なり、少なくとも国民国家という枠組みが続く限り、「執拗に」変わることはないだろうと思わざるを得ない。その世界観が「古層」であり「執拗低音」である所以である。その意味では私は、遠い未来はともあれ、少なくとも近未来までは、「宿命論」に近い考えをもっている。

本論の注でも触れたように、内田樹は、日本人が「辺境人」故に、自己の確固たる普遍的な原則＝価値を持ちえず、自国のめざす国家像を描けず、国家戦略を語れないとして、これが「日本人のきわだった国民性格」と説いた。従って日本は「キャッチアップできるのみの国」であると。それはしかし「辺境人」の故というよりも「野生の世界観」の故と言うべきであろう。目指すべき社会像やそこに至る戦略を語るためには、時間的にも空間的にもタンジブルな現実を超えた世界を想定し、可能な限り普遍的な原則＝価値を設定して、包括的な視野のもとに理論的・抽象的に考え抜いていく思考、すなわち「超越的・全体的・抽象的・普遍的」思考が必要であることは言うまでもない。もちろん個人的にはそうした思考をなしうる人々は「この国」にも少なからず存在するだろう。しかしそれが社会全体に受け入れられることが困難なところに、「古層」としての「野生の世界観」の制約があると言えよう。「野生の世界観」のもとにある多数の人々から、それは「空理空論」として受容されないからである。

実際「この国」が、画期をなす自国の国家像や国家戦略を取り入れたのは、すべて外圧によってであり、かつ外国輸入のものであった。律令期には大陸から、明治維新においてはヨーロッパから、戦後はアメリカからというように、それこそ「弊履を捨つるが如く」これまでのあり様を捨て去り、「世界標準」の体系をなりふり構わず導入した。しかし今日、「キャッチアップ」の対象も「世界標準」も失われようとしている。あるのはタンジブルな現世利益を旨とする「経済」への集中だけである、「経済」の繁栄こそ社会の目標であるかのように。しかもその「経済」さえ、トータルに見れば、るのである。これからの日本は、個々の「技術革新」があろうとも、人口減少とともに長期的な衰退過程に入っていると見る方が、的を射ていると言えよう。実はこういう時代であるからこそ、「超越的・全体的・抽象的・普遍的」な思考に基づく新たな社会像とその戦略が必要なのであり、そのための議論の高まりが不可欠なのであるが、「この国」の「古層」がそれを許さない。

他方、近年この日本の「古層」ないし「基層」こそ、これからの「共生」社会に最も適合的だとして、「アニミズムの復権」といった議論が梅原猛などから主張されてきた。しかし「アニミズム」の心を持てというだけでは、「共生」社会の実現はおぼつかない。そうした社会が実現するためにも、「超越的・全体的・抽象的・普遍的」な思考に基づく周到な戦略や政策が必要であることを忘れてはならないであろう。

おそらく「この国」が取ることができる方策は、差し当たっては様々な多くの個別分野で、それぞれに成功している国や地域の施策を、謙虚に学び取ることしかないであろう。しかも学ぶべき対象は、今や欧米に限らず、国内の諸地域も含めて、世界中にあるといってよい。内田樹が言うように「この国」は古くから「学ぶ力」を開発してきたのであり、その力こそ「この国」の取り得であった。それだけではなく、本書でも述べたように、学んだものを「洗練」させてきたのが「この国」の特徴でもある。この「洗練」こそが「この国」の創造力であったと言えようし、またそれが「文化」の力でもある。「文化」とは、本論でも触れたように、「共有化」された「創造力」である。「洗練」＝「創造力」は国民生活のあらゆる分野にも及ぶ。「この国」の国民一人ひとりがそれぞれの分野で創造力を養い、それを発揮しうる国家こそ、「文化国家」と言えるものであろう。その意味ではそうした文化政策が「この国」ではとりわけ重要であり、単に文化財の保存・活用や芸術作品の普及・鑑賞だけが文化政策ではない。とはいえ、創造力を養うという意味での文化政策の在り様は、一筋縄でとらえられるものではないが。

しかしそうした問題はすでに本書の守備範囲を大きく超えている。ラフな付言はこの程度にしておこう。

なお、本書が出来上がるまでには多くの人々のご助力・ご尽力があった。ここではいちいち名をあげないが、この場を借りて深く感謝申し上げたい。

最後に、本書の出版を快く引き受けていただいた花伝社には心から御礼を申し上げる。同社からは私の二冊目の著書であり、二冊ともに極めて有能な編集者である佐藤恭介氏に担当を頂いた。同氏からは文章の書き様や構成だけでなく、本来は筆者の範囲であるべき内容に至るまで多くの貴重なアドバイスを頂いた。のみならず音楽演奏者でもある同氏の感性にも感嘆するものがあり、その感性にも助けられた。含めて同氏には感謝の言葉もない。

私事に渡るが、私が本書執筆真只中の二〇一八年二月に八六歳の母が急死した。九〇歳を超える父が一人残されたために、その後、私は関東から郷里の能登に帰り、執筆を続けた。本書を母に見せることができなかったのが悔やまれる。本書を亡き母の墓前に捧げたい。

二〇一九年九月

能登・羽咋にて

参考文献

青木保『「日本文化論」の変容——戦後日本の文化とアイデンティティ』中央公論社、一九九〇年

赤坂憲雄『東西／南北考——いくつもの日本へ』岩波書店（新書）、二〇〇〇年

浅見定雄『にせユダヤ人と日本人』朝日新聞社（文庫）、一九八六年（初出、一九八三年）

網野善彦『日本論の視座——列島の社会と国家』小学館、一九九一年

石母田正「歴史学と「日本人論」」『石母田正著作集』第八巻、岩波書店、一九八九年（初出、岩波文化講演会講演、一九七三年）

伊東俊太郎『文明の誕生』講談社（学術文庫）、一九八八年（初出、一九七四年）

伊東俊太郎『比較文明』東京大学出版会、一九八五年

井上充夫『日本建築の空間』鹿島研究所出版会、一九六九年

内田樹『日本辺境論』新潮社（新書）、二〇〇九年

梅原猛「アニミズム再考」国際日本文化研究センター紀要『日本研究』1、一九八九年

梅原猛『日本人の「あの世」観』中央公論新社（文庫）、一九九三年（初出、一九八九年）

海老坂武『戦後思想の模索　森有正、加藤周一を読む』みすず書房、一九八一年

海老坂武『加藤周一——二十世紀を問う』岩波書店（新書）、二〇一三年

大久保喬樹『日本文化論の名著入門』角川学芸出版（選書）、二〇〇八年

大隅和雄・平岩直昭編『思想史家　丸山眞男論』ぺりかん社、二〇〇二年
小熊英二『単一民族神話の起源――「日本人」の自画像の系譜』新曜社、一九九五年
小此木啓吾『モラトリアム人間の時代』中央公論社、一九七八年
加藤周一『雑種文化――日本の小さな希望』講談社（文庫）、一九五六年（一九七四年に改版）
加藤周一『日本人とは何か』講談社（学術文庫）、一九七六年
加藤周一「日本社会・文化の基本的特徴」加藤周一・木下順二・丸山真男・武田清子『日本文化のかくれた形』所収、岩波書店、一九八四年
加藤周一「日本」『平凡社大百科事典』第十一巻、平凡社、一九八五年（後に『世界大百科事典』第二一巻に再収録、平凡社、一九八八年）
加藤周一『日本文学史序説（上）』筑摩書房（学芸文庫）、一九九九年（初出、筑摩書房、一九七五年）
加藤周一『日本文学史序説（下）』筑摩書房（学芸文庫）、一九九九年（初出、筑摩書房、一九八〇年）
加藤周一対談集②『現代はどういう時代か』かもがわ出版、二〇〇〇年
加藤周一『日本　その心とかたち』スタジオジブリ、二〇〇五年（初出は一九八七―八年のＮＨＫの番組）
加藤周一『日本文化における時間と空間』岩波書店、二〇〇七年
加藤周一『著作集』1〜24、平凡社、一九七八〜二〇一〇年
加藤周一『自選集』1〜10、岩波書店、二〇〇九〜二〇一〇年
柄谷行人『日本精神分析』講談社（学術文庫）、二〇〇七年（初出、文藝春秋、二〇〇二年）
河合隼雄『母性社会日本の病理』中央公論社、一九七六年
河竹登志夫『舞台の奥の日本――日本人の美意識』ＴＢＳブリタニカ、一九八二年

河村望『日本文化論の周辺』人間の科学社、一九八二年
岸本英夫『宗教学』原書房、二〇〇四年（初出、一九六一年）
クラーク、グレゴリー、村松増美訳『（新版）日本人　ユニークさの源泉』サイマル出版会、一九八三年（初出、一九七七年）
倉本一宏他「〈鼎談〉「日文研問題」をめぐって」国際日本文化研究センター紀要『日本研究』55、二〇一七年
ケント、ポーリン「ルース・ベネディクトの実像と虚像」、濱口惠俊編『世界の中の日本型システム』新曜社、一九九八年
幸泉哲紀「「個人」と「間人」との相補性」、濱口惠俊編『日本社会とは何か　〈複雑系〉の視点から』日本放送出版協会、一九九八年
佐々木宏幹「民俗信仰の諸相――「アニミズム文化」との関連において」、江上波夫編『民族の世界史2　日本民族と日本文化』山川出版社、一九八九年
末木文美士『日本宗教史』岩波書店（新書）、二〇〇六年
菅野昭正（編）『知の巨匠　加藤周一』岩波書店、二〇一一年
杉本良夫「「日本人」と「日本的なもの」の多様性」、濱口惠俊編『日本文化は異質か』日本放送出版協会、一九九六年
杉本良夫／ロス・マオア『日本人論の方程式』筑摩書房（学芸文庫）、一九九五年（初出、東洋経済新報社、一九八二年）
杉本良夫／ロス・マオア（編著）『日本人論に関する十二章』筑摩書房（学芸文庫）、二〇〇〇年（初出、学陽書房、一九八二年）
諏訪春雄『日本人と遠近法』筑摩書房（新書）、一九九八年
副田義也『日本文化試論　ベネディクト『菊と刀』を読む』新曜社、一九九三年
祖父江孝男『文化人類学入門　増補改訂版』中央公論社（新書）、一九九〇年

タイラー、E・B、比屋根安定訳『原始文化——神話・哲学・宗教・言語・芸能・風習に関する研究』誠信書房、一九六二年
高階秀爾『増補日本美術を見る眼　東と西の出会い』岩波書店（現代文庫）、二〇〇九年（初出、一九九一年）
田口富久治「丸山眞男の「古層論」と加藤周一の「土着世界観」」、『丸山眞男とマルクスのはざまで』、日本経済評論社、二〇〇五年
田中久文『丸山眞男を読みなおす』講談社、二〇〇九年
田中優子他『現代・見立て百景』ＩＮＡＸ出版、一九九四年
津城寛文『日本の深層文化序説——三つの深層と宗教』玉川大学出版部、一九九五年
辻惟雄『あそぶ神仏　江戸の宗教美術とアニミズム』筑摩書房（学芸文庫）、二〇一五年（初出、角川書店、二〇〇〇年）
辻惟雄『日本美術の歴史』東京大学出版会、二〇〇五年
坪井秀人「〈特集　日本研究の過去・現在・未来〉はじめに」国際日本文化研究センター紀要『日本研究』55、二〇一七年
鶴見和子『好奇心と日本人』講談社（現代新書）、一九七二年
鶴見和子『漂泊と定住と　柳田国男の社会変動論』筑摩書房（学芸文庫）、一九九三年（初出、一九七七年）
土居健郎『「甘え」の構造』弘文堂、一九七一年
冨田宏治『丸山眞男「古層論」の射程』関西学院大学出版会、二〇一五年
中沢新一『野生の思考』（１００分 de 名著）ＮＨＫ出版、二〇一六年
中根千枝『タテ社会の人間関係　単一社会の理論』講談社（現代新書）、一九六七年
中村元『日本人の思惟方法——諸文化現象、ことに仏教の受容形態にあらわれた思惟方法の特徴』（『中村元選集［決定版］第３巻』）春秋社、一九八九年

中村元『チベット人・韓国人の思惟方法――諸文化現象、ことに仏教の受容形態にあらわれた思惟方法の特徴』(『中村元選集[決定版] 第4巻』春秋社、一九八九年
成田龍一『加藤周一を記憶する』講談社(新書)、二〇一五年
日本民族學協会編『民族學研究』第一四巻第四号、一九五〇年
濱口惠俊『「日本らしさ」の再発見』講談社(学術文庫)、一九八八年(初出、日本経済新聞社、一九七七年)
濱口惠俊『日本研究原論 「関係体」としての日本人と日本社会』有斐閣、一九九八年
船曳建夫『「日本人論」再考』講談社(学術文庫)、二〇一〇年(初出、日本放送出版協会、二〇〇三年)
ブロック、P・ジュリー「加藤周一と日本文化雑種性の問題」、福岡ユネスコ協会編『日本を問い続けて 加藤周一、ロナルド・ドーアの世界』岩波書店
ベネディクト、ルース、長谷川松治訳『菊と刀――日本文化の型』社会思想社、一九七二年(初訳、一九四八年、原書、一九四六年)
ベフ、ハルミ『イデオロギーとしての日本文化論』思想の科学社、一九八七年
松岡正剛『日本流』筑摩書房(学芸文庫)、二〇〇九年
槇文彦、若月幸敏、大野秀敏、高谷時彦『見えがくれする都市』鹿島出版会、一九八〇年
真木悠介『時間の比較社会学』岩波書店(現代文庫)、二〇〇三年(初出、一九八一年)
丸山眞男『増補版 現代政治の思想と行動』未来社、一九六四年(初出、一九五六年)
丸山眞男「歴史意識の『古層』」『日本の思想六 歴史思想集』解説、筑摩書房、一九七二年(『丸山眞男集』第十巻)
丸山眞男「日本における倫理意識の執拗低音」、平岩直尚訳『東京女子大学丸山眞男記念比較思想研究センター報告』第一〇号、二〇一五年(初出、プリンストン大学およびハーバード大学セミナー報告の英文原稿、一九七六年)(『丸山眞男

集 別集』第三巻)
丸山眞男「日本思想史における「古層」の問題」、川原彰『日本思想史における「古層」の問題』慶應義塾大学内山秀夫研究会、一九七九年(『丸山眞男集』第十一巻)
丸山眞男、対談記録「『加藤周一著作集』をめぐって―W氏との対談―」、一九八〇年(『丸山眞男集 別集』第三巻)
丸山眞男「原型・古層・執拗低音――日本思想史方法論についての私の歩み」加藤周一、木下順二、丸山眞男・武田清子『日本文化のかくれた形』岩波書店、一九八四年(『丸山眞男集』第十二巻)
丸山眞男「政事の構造――政治意識の執拗低音」『百華』二五号、一九八五年十二月(『丸山眞男集』第十二巻)
丸山眞男『丸山眞男講義録[第四冊]日本政治思想史1964』東京大学出版会、一九九八年
丸山眞男『丸山眞男講義録[第五冊]日本政治思想史1965』東京大学出版会、一九九九年
丸山眞男『丸山眞男講義録[第六冊]日本政治思想史1966』東京大学出版会、二〇〇〇年
丸山眞男『丸山眞男講義録[第七冊]日本政治思想史1967』東京大学出版会、一九九八年
『現代思想 特集 丸山眞男』(一九九四年一月号)青土社、一九九四年
三島由紀夫『小説家の休暇』新潮社(文庫)、一九八三年
三井秀樹『かたちの日本美 和のデザイン学』日本放送出版協会、二〇〇八年
南博『日本人論――明治から今日まで』岩波書店、一九九四年
矢内原伊作「加藤周一の勇み足」『加藤周一著作集』11「月報」、一九七九年
矢野昌邦『加藤周一の思想・序説 雑種文化・科学と文学・星菫派論争』かもがわ出版、二〇〇五年
山崎正和『日本文化と個人主義』中央公論社、一九九〇年
山本七平『空気の研究』文藝春秋(文庫)、一九八三年(初出、一九七七年)

吉野耕作『文化ナショナリズムの社会学――現代日本のアイデンティティの行方』名古屋大学出版会、一九九七年
吉村貞司『日本美の特質』鹿島研究所出版会、一九六七年
吉本隆明『悲劇の解読』筑摩書房（文庫）、一九八五年（初出、一九七九年）
李御寧『「縮み」志向の日本人』講談社（学術文庫）、二〇〇七年（初出、学生社、一九八二年）
レヴィ＝ストロース、クロード、仲沢紀雄訳『今日のトーテミズム』みすず書房、一九七〇年
レヴィ＝ストロース、クロード、大橋保夫訳『野生の思考』みすず書房、一九七六年
レヴィ＝ストロース、クロード、大橋保夫編『クロード・レヴィ＝ストロース日本講演集――構造・神話・労働』みすず書房、一九七九年
レヴィ＝ストロース、クロード、川田順造訳『月の裏側　日本文化への視角』中央公論新社、二〇一四年
脇本平也『宗教学入門』講談社（学術文庫）、一九九七年（初版底本、日清出版、一九八三年）
鷲巣力『加藤周一を読む――「理」の人にして「情」の人』岩波書店、二〇一一年
鷲巣力『「加藤周一」という生き方』筑摩書房、二〇一二年
和辻哲郎『日本精神史研究』岩波書店（文庫）、一九九二年（初出、一九二六年）
和辻哲郎「日本精神」、『續日本精神史研究』所収、岩波書店、一九三五年

干場辰夫（ほしば・たつお）
1952 年　石川県羽咋市生れ
1975 年　京都大学法学部卒業
1983 年　同志社大学大学院法学研究科（政治学専攻）博士課程満期退学
著書
『現代政治』（共著、法律文化社）
『日本社会のグランドデザイン』（日新報道）
『東京 23 区　区立博物館“辛口”批評』（花伝社）
現在の所属学会
日本民俗学会、日本文化政策学会

「日本文化論」を越えて——加藤周一「土着世界観」論とその行く先
2019年11月10日　初版第 1 刷発行

著者 ——— 干場辰夫
発行者 —— 平田　勝
発行 ——— 花伝社
発売 ——— 共栄書房
〒101-0065　東京都千代田区西神田2-5-11出版輸送ビル2F
電話　　　03-3263-3813
FAX　　　03-3239-8272
E-mail　　info@kadensha.net
URL　　　http://www.kadensha.net
振替 ———00140-6-59661
装幀 ——— 黒瀬章夫（ナカグログラフ）
印刷・製本— 中央精版印刷株式会社

©2019　干場辰夫
本書の内容の一部あるいは全部を無断で複写複製（コピー）することは法律で認められた場合を除き、著作者および出版社の権利の侵害となりますので、その場合にはあらかじめ小社あて許諾を求めてください
ISBN978-4-7634-0905-8 C3095

東京23区
区立博物館“辛口”批評

千場辰夫　著　（本体価格1500円＋税）

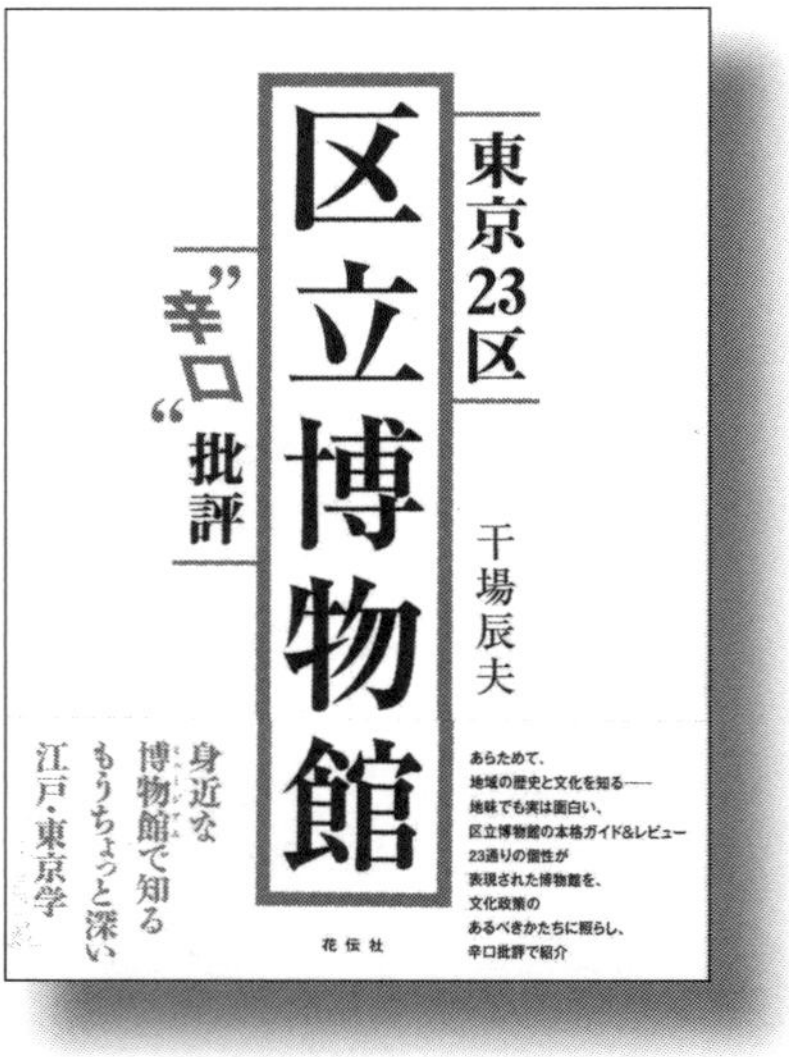

●身近な博物館で知る、もうちょっと深い江戸・東京学

あらためて、地域の歴史と文化を知る――

地味でも実は面白い、区立博物館の本格ガイド＆レビュー。

23通りの個性が表現された博物館を、文化政策のあるべきかたちに照らし、辛口批評で紹介